# 销售要懂心理学



陈 明◎编著

一线销售人员实用心理技巧

廣東省出版集團
广东经济出版社

**图书在版编目（CIP）数据**

销售要懂心理学 / 陈明编著. —广州：广东经济出版社，2013.5
（经典销售系列）
ISBN 978－7－5454－2113－2

Ⅰ.①销… Ⅱ.①陈… Ⅲ.①销售—商业心理学 Ⅳ.①F713.55

中国版本图书馆 CIP 数据核字（2013）第 077174 号

| 出版发行 | 广东经济出版社（广州市环市东路水荫路 11 号 11～12 楼） |
|---|---|
| 经销 | 全国新华书店 |
| 印刷 | 湛江日报社印刷厂（湛江康宁路 17 号） |
| 开本 | 730 毫米×1020 毫米 1/16 |
| 印张 | 17.25 1 插页 |
| 字数 | 239 000 字 |
| 版次 | 2013 年 5 月第 1 版 |
| 印次 | 2013 年 5 月第 1 次 |
| 印数 | 1～5 000 册 |
| 书号 | ISBN 978－7－5454－2113－2 |
| 定价 | 36.00 元 |

如发现印装质量问题，影响阅读，请与承印厂联系调换。
发行部地址：广州市环市东路水荫路 11 号 11 楼
电话：（020）38306055 38306107 邮政编码：510075
邮购地址：广州市环市东路水荫路 11 号 11 楼
电话：（020）37601950 营销网址：**http://www.gebook.com**
广东经济出版社新浪官方微博：**http://e.weibo.com/gebook**
广东经济出版社常年法律顾问：何剑桥律师

# 前言

销售员，是一个充满朝气和传奇的职业。它能让一个人从一无所有到富甲一方，能让一个人从默默无闻到声名显赫。但总有人说，销售员不过是一个要弄语言技巧的卖舌者，只要能说会道，都可以成为一名优秀的销售员。其实，这种说法只是对那种旧式的推销模式的肤浅概括。

随着市场竞争越来越激烈，旧式的推销模式渐渐跟不上市场发展的步伐，新式销售模式因此应运而生。这种销售模式建立在销售员对客户需求的充分了解和分析的基础上，要求每一个销售员都要学会将销售学和心理学密切结合，通过攻克客户的心理防线，实现业绩的突破，本书的出版意图也正基于此。

本书与一般的销售心理学书籍的枯燥难懂不同，它的每篇文章都是经过精心打造的。它从心理学的角度出发，运用心理学原理，将销售学和心理学相结合，并针对销售中的实际案例，对销售技巧进行全方位的解析。书中的每小节都是由心理掌控要诀、实战情景演练、典型案例解析和销售心理360°全解四个部分构成。内容通俗易懂，实用价值极高。

如果，你想知道：如何读懂客户的身体语言，如何看穿客户的性格特征，如何和客户有效沟通，如何赢得销售的主动权，如何化解客户异议，如何报价才能让客户满意，如何秒杀订单破除成交壁垒，那么，请你读一读此书。

如果，你想知道：如何在销售过程中洞悉客户的心理需求和购买动在销售过程中，洞悉客户心理需求，引爆顾客的购买冲动，是销售员获得销售业绩的最佳方法。要想掌握这种方法，就必须了解客户的喜爱心理、虚荣心理、熟人心理、安全心理，等等。如果销售员能全面而准确地了解客户的这些心理，并配合相关的销售技巧，就必然会获得销售上的成功。



在销售过程中，找准客户的心理突破口，拉近与客户的心理距离，是消除客户疑虑，获得客户信任，并最终促成交易的前提。所以，销售人员必须在自身形象、态度、行动等方面不断地改进和提高，打破心与心之间的隔阂。只有这样，销售人员及其产品才能获得客户的认同，销售才能成功。

销售的过程其实就是沟通的过程。销售员在和客户沟通的过程中，如何听客户才肯说，如何说客户才会听，这对销售员来说是一个必须思考的问题。所以，销售员要想取得理想的销售业绩，就必须掌握一定的沟通技巧。



每个人都会有自己的致命弱点和死穴。销售员在面对

## 第九章 秒杀订单：



“行百里者半九十”，在销售过程中，特别是在接近成交的紧要关头，销售员绝不能掉以轻心，否则很有可能会前功尽弃。所以，在博弈双方决定胜负的最后关头，销售员一定要小心谨慎，掌握一些心理学技巧，使用一些促使成交的小方法，这样才能破除成交壁垒，攻克客户的终极心理防线，拿下订单。

乔·吉拉德曾说：“我相信推销活动真正的开始是在成交之后。”签单不是落幕，而是每一个销售员走向成功的开幕式。销售人员要想拥有永远的“回头客”，就不能做一锤子买卖。只有在签单之后，继续为客户提供良好的售后服务，安抚客户的心，最大限度地满足客户的心理预期，提高客户的满意度，才能吸引更多的顾客，提升销售业绩。

# 第一章

## 由表及里，看穿顾客性格；察言观色，破译顾客心灵密码

人的心理的外部表现渠道有很多，比如服饰、笑容、眼神，甚至连喝酒、点菜、落座这些都能传递出人们内心的一些信息。作为“信息侦察兵”的销售员，要格外注意客户的一举一动，并从细微之处发现客户的心理变化，进而摸透客户的心理，为销售做好“战斗准备”。

# 从服饰推测顾客的购买能力

## 心理掌控要诀
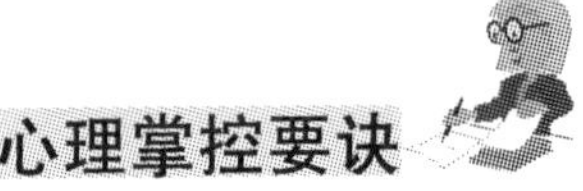

服饰不仅是人们内心世界的外在流露，很多时候也能体现出一个人的购买能力。正如老话所说：穿衣戴帽各有所好。不同色彩和质地的衣服往往会在一定程度上反映出人们不同的购买能力。所以，销售员要想更多地了解客户，不妨对客户的服饰进行研究，得出其性格特征和购买能力，然后巧妙地攻破客户的心理防线，促成签单。

## 实战情景演练

小黄是一家家电公司的销售员，工作能力非常突出，深受公司领导的赏识。前不久，公司又新进了一批家电，销售经理让小黄尽快卖掉。接到任务后，小黄马上不辞辛劳地到各个居民区进行推广销售。

一天，小黄来到一个非常豪华的小区来销售。他敲响了第一家的门，一位近70岁的老人给他开了门。这位老人虽然已是古稀之年，但仍然穿着一身颜色艳丽、款式考究的休闲服。小黄通过老人的这身打扮便断定出老人个性张扬，喜欢表现自己，且有着很强的购买力，是个不差钱的主儿。于是，小黄打算通过满足老人的虚荣心来激发老人的购买力。

于是，小黄进门后看了一眼屋内的装潢，便感慨道："好有情致啊，这要花多少钱啊?"这一句话引得老人是笑逐颜开，他热情地请小黄坐下。此时小黄并没有立即开始推销自己的产品，而是继续赞美老人。

小黄："大爷，像您这个年纪的人，一定是经历了很多大事吧!"

老人不无自豪地说：“这个可有的说了，我是当过兵的，还参加过抗美援朝呢！”

小黄流露出羡慕和崇拜的眼神：“真的吗？您太伟大了！”

然后，小黄又故意央求老人给自己讲讲抗美援朝的那段经历。

老人：“我年轻的时候很勇敢的，还是个侦察员，经常一个人跑到敌军城下去侦察敌情……”

小黄故作惊讶地问：“不是吧，您不害怕吗?”

“怕什么啊，那时候，我总是……”

当小黄看到老人已经对自己有了认同感的时候，便说：“看您老人家穿衣很考究，家里也布置得如此有情调，用的东西也都是高端产品，您一定很有钱吧，您真是一位成功者啊。”

老人：“哪里哪里，反正花钱是不用愁的。”

小黄见时机成熟，便及时向老人介绍自己产品里最贵的那一款，果然不出所料，老人很痛快地就答应了。

## 典型案例解析

小黄早就通过老人的衣着看出来他很富有，也对自己的经历特别看重，喜欢在别人面前炫耀一下。因此，小黄就央求他讲讲那段经历，同时也多次向他表达了自己的赞美和敬佩之情。当小黄觉得自己已经满足了老人的虚荣心，老人也对自己有了很大的认同感时，便及时提出交易要求，并最终获得成功。

## 销售心理 360°全解

每种服装都是有色彩和款式的，色彩在一定程度上代表了一种性格，款式在一定程度上代表了一种生活状态。所以，对于销售员来说，不管

30 多岁的老板娘看见后，赶紧迎了上去。其实老板娘在迎上去的时候，已经仔细观察了这两个女孩走路的姿势。结果她发现她们走路时昂首挺胸，步伐轻快，一看就是非常自信的白领丽人。

老板娘：“两位姑娘，秋天到了，看看换季的衣服吧，都很漂亮的。”

两个女孩听了后只是漫不经心地说：“我们只是随便逛逛。”话语中透露出一种不打算买的意思。

老板娘知道这种客户属于那种非常自信，主观意识非常强的人，于是便对症下药。

老板娘依然是笑着说：“不买不要紧，你们可以随便看看。哎，我发现你们俩可真会打扮啊，你看你们的衣着时尚潮流而又不失高雅，你们是都市白领阶层的人吧？我要是能像你们这么年轻多好啊，穿什么都漂亮。”

两位女孩被老板娘这么一恭维，内心更加自信，觉得老板娘和自己属于同一类人，都是属于那种自信的人，她应该会给自己提出不少有用的建议。

于是她们语气友好地说：“老板娘你看着也很年轻呢。”

老板娘说：“不行了，我店里的这些衣服我都穿不了了。只有你们才能穿。你们可以试试，不一定非要买。前几天隔壁一个女孩就穿了一件，我差点没认出来，简直太漂亮了。那女孩看着和你们一样，都是年轻自信的人。”

两位女孩听了老板娘对自己的夸奖，高兴极了。最终，她们每人都挑选了一套适合自己的衣服。

## 典型案例解析

老板娘通过两位女孩走路的姿势，判定出她们都是自信心非常强的人，喜欢听到别人的赞美和肯定。所以，老板娘对症施药，多次巧妙又不失直白地表示非常羡慕两位女孩的自信，最终拿下了两位女孩的单子。

## 销售心理360°全解

人走路的姿势反映了这个人的性格和心情，所以销售员只要根据客户走路的姿势推断出他的性格和心情，然后巧妙推销，投其所好，那么拿下单子的几率就大了许多。

人们走路的姿势各不相同，但大致也可以分为几种，只要销售员把握好以下这几种主要的走路姿势，就可以让自己的销售事半功倍。

（1）昂首阔步型。

有的客户走路时，抬头挺胸、昂首阔步。这样的客户通常非常自信，主观意识比较强烈，思维积极敏捷，做事情反应迅速。其缺点在于有时候太过自信，看不起别人，不喜欢别人对自己的观点提出异议。面对这样的客户，销售员应该以同样的自信去应付，并且要适当地肯定客户的想法和见解，强化客户的自信心，只有这样才会赢得客户的赏识。

（2）步履匆匆型。

那种走路总是健步如飞，匆匆忙忙的客户，通常是典型的行动主义者。他们精力充沛，办事雷厉风行，不喜欢拖泥带水，但有时做事也会因为急躁而显得草率和不严谨，容易出现纰漏或者错误。销售员在应对这样的客户的时候，要多为客户着想，在客户容易出错的地方给其善意的提醒，以朋友般的热情给其提供最实用、有效的建议，帮其节省时间。

（3）横冲直撞型。

有的客户在走路时喜欢横冲直撞，很少考虑别人的感受。这样的客户会让人感觉有些以自我为中心，不近人情，他们也常常容易得罪人。但他们的可爱之处在于为人坦率真诚，性子直，不会偷奸耍滑。和这样的客户谈生意，销售员一定要坦诚相待，不可以弄虚作假。

# 客户的坐姿蕴含玄机

## 心理掌控要诀

古人云：站有站相，坐有坐相。就是说一个人的坐姿也能在很大程度上反映出一个人的性格和修养。坐姿虽然是人的肢体行为中很小的一个方面，但是小中见大，它可以传递出很多有用的信息，而这些信息对销售员来说是非常有价值的。如果销售员能在销售过程中通过客户的坐姿准确地把握其性格，然后认真分析客户的态度，了解客户的心理，积极应对，就能以最快的速度赢得客户的赏识和信赖。

## 实战情景演练

一天，王老太太拎着篮子来到集贸市场的一家水果店，问："有李子卖吗?"

此时的店里顾客很多，店主忙不过来，就笑着对王老太太说："大娘，您先坐那等一会，我一会专门招待您，好吗?"

王老太太觉得店主挺热情的，就答应等一会，并找了个椅子，把篮子放在一边，自己正襟危坐。当店主看到王老太太双腿并拢，双手夹在两腿中间这种很拘谨的样子时，便知道她性格内向，应变能力不强，但为人随和，只要用真诚相待，用热情的态度来软化她的情感，她就一定会成为自己的主顾。

于是，店主送完其他顾客后，马上迎上前说："大娘，您要买李子啊?"

王老太太："嗯。"

店主："我这里是李子专卖，各种各样的李子都有，酸的、甜的，您要哪种啊？"

王老太太："给我来一斤酸李子吧。"

为了缓和气氛，拉近和王老太太之间的距离，店主便在给王老太太称李子时故作奇怪地问："一般人在我这儿买李子都喜欢要甜的，大娘您为什么要买酸的呢？"

王老太太："哦，最近我儿媳妇怀孕啦，她特别喜欢吃酸李子。"

店主："哎呀！那要恭喜您老人家快要抱孙子了！您儿媳妇有您这样的婆婆真是好福气啊！"

店主的这种赞美让老太太感觉自己受到了重视，觉得店主是真诚地在和自己交谈，于是老太太一下子变得随和了很多，也不拘谨了。

王老太太："哪里哪里啊，怀孕期间最要紧的当然是吃好。胃口好，营养好，孩子和大人才会都好啊！"

店主："是啊，这怀孕期间的营养是非常关键的，不仅要多补充些高蛋白，还要多吃些维生素丰富的水果，这样生下的宝宝才会更聪明！"

王老太太："是啊！那你知道什么水果含的维生素更丰富一些吗？"

店主："我曾经听医生说，猕猴桃里含有非常丰富的维生素！"

王老太太："是吗，那你这儿有猕猴桃吗？"

店主笑呵呵地说："有啊，您看我这进口的猕猴桃个儿大、汁儿多、含维生素多，要不您先给您儿媳妇买一斤让她尝尝！"

这样，王老太太不仅买了一斤李子，还买了两斤进口的猕猴桃，而且从那以后，老太太真的成了这家店的主顾，几乎每隔一天就要来这家店里买些水果。

## 典型案例解析

这家店主是非常聪明的，他通过自己的细心观察，首先从老太太的坐姿上了解了这个老太太的心理轨迹和性格，然后作出积极的响应和调整，及时帮这个老太太解除了拘谨心理，并真诚相待，把客户的需求引导到自己的产品优势上来，最终赢得客户的信任，让客户成了自己的主顾。

## 销售心理360°全解

观察客户的坐姿，的确是销售员和客户交谈过程中窥测客户性格和心思的一个便捷方式。美国心理学家经过长期的观察和研究发现，任何一种坐姿都有着与之相对应的性格。以下是几种常见的坐姿以及相对应的性格。

（1）双腿并拢，正襟危坐。

双腿并拢，双手夹在两腿中间，正襟危坐，销售员经常会遇到这种坐姿的客户。这种坐姿的人通常会给人一种很拘谨的感觉。这样的客户性格比较内向，容易害羞，没有很强的应变能力，但他们心性随和，平易近人，比较重感情。在谈论事物时，有些看法虽然不会说出来，但自己心里却是始终明白的。销售员面对这样的客户时，只要真诚相待，用热情的态度和形象的语言来软化他们的情感，就会比较容易虏获他们的“芳心”。

（2）膝部紧靠，左肩上耸。

有的客户坐下时膝部紧靠，左肩上耸，致使双腿呈X字形。这类人一般比较谨小慎微，但他们的决断力非常差，做事不够果断、缺少气魄。因此，销售员在向这样的客户推荐商品时，一定要注意推荐一款最适合他们的，千万不要一下子向他们推荐多款，这只会妨碍他们作决断，甚至导致他们因无法决断而放弃购买产品。

（3）比较随意，半躺半卧。

有的客户在销售员面前坐着的时候半躺半卧，或者将双手放置在脑后部位，显得比较随性和慵懒。这样的客户性格通常比较随和，与他们相处是比较轻松愉快的。并且他们往往出手大方，不会在乎产品的价格，只要自己喜欢就会购买，但是对商品质量的要求会比较高。此时，销售员一定把产品的特点和客户的爱好互相结合起来，这样就能赢得客户的签单。

（4）坐姿僵硬，双腿双脚并拢。

有的客户在坐着的时候双腿和双脚都并拢着，两只手交叉放在腿上，整个人显得很僵硬。这样的客户通常比较固执的，他们不喜欢别人唠叨，更不愿意听取别人的意见，且脾气火暴，很容易被激怒。因此，在面对这样的客户时，销售员说话要简单明了，积极地向客户展现出真正的实惠。因为这种客户总是对销售员有成见，不会轻易接受销售员的推销，只有优质的产品和低廉的价格才能打动他们。

（5）两腿叠加，双手交叉。

有的客户在和销售员交谈时喜欢把双腿叠加在一起，双手交叉放在腿根两侧，身子向后稍微倾斜，靠在沙发或者椅子的靠背上，这是一种非常自信的坐姿。这种客户一般都是很有成就的人，他们能力突出，对自己的判断和观点深信不疑，甚至总是沉浸在自我欣赏的满足感之中。他们非常健谈，在交流中总是喜欢有意无意地表现自己的优越性。销售员要善于把握这种客户的心理，多多顺应他的意愿，并加以称赞，让客户满足自己心理需求的同时感到有一种被重视感，这样客户才会高兴地购买你的产品。

（6）两腿长伸在外。

有一种客户在坐下时喜欢将双腿直直伸向外面，同时喜欢将双手插在口袋里，这种客户大多性格怪异，很难与人相处。如果五官猥琐，其貌不扬，通常还会伴有恐吓或胁迫他人的行为。对于这种客户，销售员最好不要接这个“烫手的山芋”，应该敬而远之。因为即使他购买了你的产品，以后也会因为售后问题让你麻烦不断。

销售员应该抓住时机，巧妙地用语言“逼迫”顾客购买。

（2）点头。

销售员或许最喜欢看到客户“点头”这一头部动作，因为点头基本上就是表示同意的意思，但实际上，它的意义不止这一种。据心理专家研究表示：当客户针对销售员的谈话内容点头时，多表示对销售员的讲解或者提议表示赞同和认可。但是也有一些情况例外，诸如：销售员发现客户点头的动作与谈话的内容风马牛不相及，则表示客户有事情隐瞒，或根本没有用心思听讲；当销售员与客户谈话时，如果发现客户在短时间内点头超过三次，则表示客户对谈话的内容已经失去兴趣，或内心已经极度不耐烦，此时，最好的方法就是终止谈话。

（3）抬头。

与低头相对应的动作是抬头。销售员如果想弄明白客户为什么抬头，首先应该注意观察客户低头时的小动作。如果客户在低头抽烟，他却突然抬起头，迅速把烟掐灭，这可能代表他不想购买，这时，销售员应该根据实际情况决定坚持还是放弃；如果客户是因为“防止被销售员看透心理”而低头，那么他抬头并不能说明什么，此时销售员就应该坚持底线以不变应万变。

（4）头向后仰。

头向后仰这种动作的出现，对销售员来说，一般不是好兆头。如果客户向后仰头，同时伴随着四肢伸展的动作，说明交谈的时间过长了，他此时已经很疲惫了，对谈判过程也没有什么兴趣了，这时，销售员就应该及时提出交易请求。不过，如果双方谈判的交易额比较大，销售员就应该谨慎应对，千万不可贸然提出请求，最好的选择就是及时与客户告别，并与客户约定好下一场谈判的时间和地点。

# 从表情看客户心理

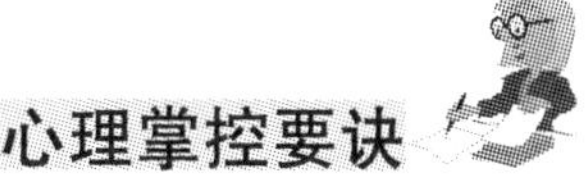

## 心理掌控要诀

人是感情动物，情感流露是人的本性，我们说的笑逐颜开、怒发冲冠都是感情流露在面部上的表现。所以说，丰富的表情是人心理活动的一面镜子，这一点，客户也不例外。只要销售员能在和客户的谈判中把握住客户的表情变化，并加以琢磨，就可以从这面镜子中看出签单的希望。

## 实战情景演练

冬至那天，一位年轻的女士来到服装柜台前，仔细观看着挂在衣架上的几款“鄂尔多斯”牌毛衣。两分钟后，她从衣架上取下一款黑白相间绣着几何图案的毛衣，端详了一会儿后问导购员阿丽：“请问这件毛衣多少钱?”

阿丽看着这位女士脸颊泛红，情绪有点兴奋，便知道她很满意这件衣服，十有八九会买的，便热情地对她说：“您好，这件价格是600元，您要喜欢可以试一下。”

女士非常爽快地说：“不用试了，我就要这个了!”说完便把毛衣放在服务台上，开始掏钱。

阿丽在给她包衣服的时候恭维了她一句：“小姐，您真有眼力，很多人都喜欢这种款式。”谁知那位年轻的女士听了这句话后，脸上兴奋的表情瞬间就消失了，面部变得很僵硬，没有一点笑意，她语气冷淡地对阿丽说："抱歉，我不要啦！"

这时，阿丽迅速地从女士的表情变化中分析到自己说错话了，那位女士应该不喜欢随大流，于是她赶紧想办法进行补救。

阿丽趁女士正要走开时，赶紧问："小姐，我们这几款羊毛衫是专门为像您这样气质高雅的年轻女士设计的，如果您不喜欢，请留下宝贵的意见，以便我们改进。"

果然不出阿丽所料，女士在听了阿丽的话后解释道："其实，这几款都不错，我只是不太喜欢跟别人穿一样的衣服。"

阿丽说："小姐，请您原谅。我刚才说很多人喜欢您看中的这种款式，但由于质优价高，所以买的人并不多，您是这几天里第一位买这种款式的顾客。而且，这种款式我们总共才做了 10 件……"

最后经过阿丽的一番争取，那位女士终于开开心心地买走了那件毛衣。

## 典型案例解析

阿丽在向顾客进行推销的时候，懂得观察客户的表情，并且能在客户的表情变化中体察出客户的真正心理。当她从客户的表情中发现自己说错话时，立即改变推销方式，用另一种说辞来迎合客户的内心情绪，最终成功地抓住了这个销售机会。

## 销售心理 360°全解

如果销售员在商务谈判中，善于察言观色，就可以捕捉到客户面部表情所流露出的情感信息，如果能及时根据这些信息对症下药，谈判成功的可能性就会提升很多。但是，销售员在观察客户时，也不能因为单一的表情信息而轻易下结论。因为人是最复杂的动物，任何人都有可能出现会错意和表错情的情况，所以我们要结合整个谈判过程中客户表情的变化，精准把握客户的心理。

（1）兴奋型表情。

兴奋型的表情主要表现为瞳孔放大，面颊泛红，搓手，轻松跳跃等。此时，销售员一定要把握好机会，进一步深入引导客户，及时促成签单。因为这是客户购买欲最强的时候。

（2）厌烦型表情。

如果客户流露出叹气、伸懒腰、打呵欠、东张西望、看时间、无奈等表情时，就代表他对与销售员所进行的交谈已经厌倦了。因为这些表情都是无奈型表情的体现。这时，销售员就应该换一种交谈方式来吸引客户的注意力或及时撤退了。

（3）僵硬型表情。

脸上肌肉麻木，面无表情，这往往是充满憎恶与敌意的表现。一般这样的客户对销售员充满了反感和成见，如果我们见到的客户是这样的表情，那么就要用心来化解他们的成见了。

（4）焦虑型表情。

当客户脸上有明显的焦虑症状，并伴随着手指不断敲打桌面，双手互捏，小腿抖动，坐立难安等动作时，就表明他已经对与销售员的谈话到了不耐烦的程度。若这种厌烦型表情没有及时得到理解和消除，很可能会发展为焦躁情绪。面对客户这样的情绪，销售员应该停止滔滔不绝的讲述，立即与客户进行有效的沟通，找出他焦虑的原因，并及时开导，以便最快地消除这种焦虑情绪。

（5）欺骗型表情。

如果客户平时是一个不喜欢说话的人，而现在却对我们喋喋不休地诉说，且词不达意，话语缺乏逻辑，那么，他一定是在试图掩盖什么真相。另外摆弄衣角、将手藏在背后或者是下意识地摸下巴，都是说谎的征兆。这时销售员就要提高警惕，仔细分析客户这样做的原因，避免被客户欺骗。

# 通过笑容揣摩客户的心理

## 心理掌控要诀

笑容是人类的一种表情，也是人与人之间交流的最古老的方式之一。它是一种无声的语言，包含着无穷无尽的涵义，可以传递出很多种情感。当我们在与人交流时，遇到尴尬或者语言不通的情况，往往会通过笑容来表达沟通的效果。销售员在推销产品时也往往会遇到客户表现出的各种各样的笑容，此时，销售员一定要善于观察和分析，发现客户笑容背后隐藏的真正涵义，只有这样，才能解读出客户的内心世界，正确把握客户传递出来的信息。

## 实战情景演练

王刚是一名优秀的健身器材推销员。

一天，他来到一个小区推销他的产品。到了第一个客户门前，他刚按响门铃，门还没打开，就听到一阵爽朗的笑声从门里传了出来："哈哈！谁啊，是哪位贵客光临啊?"

客户打开门一看，发现是个陌生人，并没有觉得吃惊，而是微笑着问他有什么事。王刚作了一番自我介绍后，那位客户就一脸微笑地把他请进家门，并给他倒了一杯热茶。

一杯茶喝完后，王刚开始暗中观察这位客户。他发现这位客户身宽体胖，脸上总是挂着笑容，想起他刚才那爽朗的笑声，王刚认为这是一个性格开朗乐观、热情好客的人，可以适当地跟他开开玩笑，如此一来，就可以打破谈话的僵局。

于是，王刚面带笑容地说道："先生，您看着和弥勒佛真像，这个大肚子里面装的肯定都是可乐的事儿，看您总是笑呵呵的，真是有福之人啊！"

客户听王刚这么一夸，马上拍着自己的肚子哈哈大笑起来："我哪能和弥勒佛比啊，我这肚子里面装的全是肥肉和多余的脂肪。"

王刚见时机成熟，便趁机说道："那你就用用我们的健身器材，我相信过一段时间以后，您这些多余的肥肉和脂肪就会消失掉的。"

王刚的一番话正合顾客的心意，谈到最后，那位客户果然同意购买一套适合自己的健身器材。

## 典型案例解析

王刚正是从客户的笑容中读懂了客户是一个性格开朗乐观的人，针对客户这种性格，他采取开玩笑的方式打开了客户的话匣子，引出话题，并赢得客户的好感，最后成功地卖出了健身器材。因此，作为推销员，一定要善于从客户的笑容中发现客户的性格和心理，这会给你的推销工作带来很大的帮助。

## 销售心理 360°全解

笑容是无需翻译的，每个人的心理变化都可以在一颦一笑中得到准确的解读。所以，销售员在和客户进行谈判的过程中，一定要注意观察客户的笑容，以便及时从客户的笑容中得到有用的信息，以避开错误的推销方式。一般而言，客户的笑容主要有以下几种类型：

（1）含笑。

含笑，它不出声，不露齿，仅是面含笑意，是一种程度最浅的笑。

了自我介绍。

该女子不带任何感情地说了句："进来吧!"张强心想这个客户这么冷漠，肯定不好沟通，要小心应付才行。

张强在沙发上坐下以后，便向该女子简单地介绍了一下自己的业务。眼前的女子听归听，可态度却一直很冷淡，眼神里始终透露出一种怀疑的情绪。这让张强有些着急，他知道这个客户对他的戒心很重，要赶紧想办法消除客户的戒心才行。

他想了一下，说："这个小区里已经有很多户主在我这里买了保险，因为我们推出了一种新的业务，可以说是专门为您这样的家庭量身定做的，您可以考虑一下。我们的信誉您大可放心，因为前几天您家隔壁的张姐刚买了一份，有什么不放心的地方，您可以问问她。"

听张强这样说，该女子的眼神变得柔和了不少，张强悬着的心稍稍有了一些放松。这时女子家的小孩回来了，张强心想，机会来了，于是他便陪着孩子一起玩，女子看见张强很会哄孩子，看张强的眼神变得充满了善意，觉得张强是个真诚而又有责任心的人。

在张强的一番解说下，客户觉得安全是大事，于是决定购买他的保险。后来这位客户又给张强介绍了几位同事，并且这些人都和张强签订了购买合同。

## 典型案例解析

张强之所以能成功地拿下这位女士的单子，并且还和女士的几个同事签订了保险合同，究其原因，就在于他在谈判时会仔细观察客户眼神的变化，然后通过客户的眼神流露出来的信息来窥测客户内心的想法，并见机行事，所以他成功了。

## 销售心理 360°全解

销售员在与客户交谈时，要学会仔细地观察客户的眼睛，透过客户的眼睛了解客户的性格，洞悉他的想法，并从中获得关于客户内心情感的准确信息，这样才能够有针对性地去应对各种状况，以便成功地将产品卖给客户。当销售员学会分析以下几种眼神所代表的含义时，就可以在销售时事半功倍，并对自己的推销能力更加自信。

（1）怀疑的眼神。

在销售工作刚开始的时候，大多数人对待销售人员都是怀有戒心的，因此看销售人员的眼神也会充满不信任。加之很多客户都有过被骗的经历，所以在购买商品时总是比较谨慎的。如果销售人员提供的信息没有足够的说服力就会引起客户的怀疑。这个时候，销售员应该通过一些权威的数据、或者自行演示商品的性能，来打消客户的疑虑，争取得到他们的信任。

（2）友好的眼神。

能以友好的眼神对待销售员的客户，大多都是心地善良、真诚的客户，对人很少有戒心。他们在面对销售人员时会眉眼含笑，眼睛微微睁大，嘴角也有笑意，表示他对销售员或者对销售员推销的商品充满好感。这样的客户是销售人员最喜欢遇见的，这个时候，销售员只要把握分寸，对客户报以同样的友好，那么，成功地卖出你的产品就不会是一件困难的事情了。

（3）沉着的眼神。

那些有能力，有修养，见多识广的客户，他们的瞳孔总会保持一种自然状态，眼皮不动，冷静地看着销售人员，他们时刻都有着一种准备接受任何事物的心理状态。一般来说，对待这样的客户，用真诚的服务和一流的产品质量来打动他才是最实际和最有效的。

（4）惊讶的眼神。

惊讶的眼神在一定程度上可以理解成是一种好兆头。当客户出现惊讶的眼神时，瞳孔就会变大，嘴巴也会微微张开。这可能是因为他们惊讶于某种产品具有的独特功能或先进技术等。这说明客户之前没有见过这样的产品，因此被产品的奇特性所吸引。这个时候，销售员应该采取欲扬先抑的方式，把客户的好奇心提升到另一个高度，然后有效地进行引导，促使客户购买。

（5）傲慢的眼神。

销售员在推销过程中遇到傲慢的眼神是很平常的事情。有一些客户，他们总是自恃清高，喜欢在购买商品的过程中摆出一副傲慢的样子。当客户表现出这种眼神时，可能是客户本身的原因，但更多的时候可能是因为销售员的气场太强了，所以想故意打压你的气势。如果是前者，销售员应该通过一些实际演示让他明白，不要随便看轻销售人员；如果是后者，销售员一定要及时向客户表达歉意，说一些好话，尽可能地缓解那种敌对气氛。

# 从选择座位的细节发现客户的心理

落座也是社交中的一个基本程序，不要小看落座这个不起眼的动作，其实它在一定程度上可以反映出一个人真实的内心情绪和心理。因此，销售员如果想对客户多一些了解，想多掌握一些客户的信息，从这方面着手不失为一条捷径，例如，交谈时，选择远离你的座位坐下的人，表明他对谈话兴趣不高；吃饭时，坐在窗边位置的人开朗爽直、善解人意；乘车时，选择后排位置的人缺乏安全感……

## 实战情景演练

在一个周三的中午，销售员小海遵循公司指派去拜访一位客户。来到客户公司后，客户给小海让了一个座，然后自己在远离小海的一个座位上坐下。小海一看这种情况，立马就明白了客户对自己的销售不感兴趣。如果此时自己硬是要向客户推销自己的产品，只会让客户觉得烦躁和反感。

这时，小海看到客户的办公桌上放着一本看了一半的《福尔摩斯侦探全集》，心里便有了主意。

她笑着对客户说："王经理你也喜欢福尔摩斯啊？我也是福尔摩斯的忠实粉丝。"

客户一听小海这样说，便立马来了兴致，说："是啊，福尔摩斯非常聪明，看他的侦探小说总会让人受益匪浅。"

靠着福尔摩斯这个话题，小海和客户逐渐熟悉起来，客户也重新在靠近小海的一个位子上坐下，对着小海侃侃而谈。最后，小海的销售计划顺利完成。

## 典型案例解析

小海之所以能成功地销售出自己的产品，是因为她懂得座位心理学，能够从自己和客户之间的座位距离分析出客户的内心想法，从而巧妙地避其锋芒，投其所好，最终取得成功。

## 销售心理 360°全解

对于一个销售员来讲，了解客户的真实意图会对销售起到事半功倍的作用。而要想了解客户的真实心理，从他们选择的座位来识别是一个很有效的方法。所以，只要销售员掌握了这个座位心理学，就可以让自己的销售水平获得很大的提高。

（1）选择远离销售员的座位。

有的客户在与销售员面谈时，会选择远离销售员的位置，这就意味着客户对销售员谈话的兴趣不高。此时，销售员就应该想方设法激起客户的兴趣，让客户与自己互动起来，例如，可以找一些双方比较感兴趣的话题。

（2）选择与销售员并排的座位。

当销售员与客户面谈时，无论是在办公室还是餐桌上，或者汽车里，如果客户选择与你并排而坐，这说明他对你不反感，非常想和你拉近距离。此时，销售员应该向他们表达出自己的热情和友好。如果双方一开始就交谈得比较愉快，那么距离销售成功也就只有一步之遥了。

（3）选择与销售员成“L”型的座位。

如果客户非常欣赏你，并且愿意协助你的工作，那么他会选择和你成“L”型相坐。这个时候，销售员就应当注意把握与客户谈话的方式，掌握好交易的时间。一般而言，只要销售员不出现过激的言论或不文明的举动，达到销售成功的目的是不成问题的。

## 通过点菜看客户心理

点菜也是一门学问，它包含了很多的知识和信息。因为客户在点菜时，所点的菜不仅仅是个人口味偏好的体现，同时还会透露出客户的性

格特征。对此，销售员一定要多加重视，千万不能忽略这一细节。因为只有仔细观察客户点菜的方式，才能判断出客户的性格或者真实意图所在，才能为销售创造一个好的开端。

## 实战情景演练

小王是一家知名家电公司的销售员，在五一期间，公司举办了一场大规模的促销活动，活动开始第一天，就迎来了很多客户。

下午快下班的时候，店里来了一位中年男人，他急匆匆地走进店里，然后径直走到了小王面前说："我要给我们厂里的十几名员工每人配置一台电视机，你给我介绍一款比较合适的吧。"

小王一听这可是个大单啊，并且这个男人穿着考究，经济实力应该不会差，拿下这单生意应该没问题，便急忙迎上去说："您好，首先非常感谢您对我们产品的信任。这样吧，现在我们也到了下班时间，不如咱们去对面的饭馆边吃边聊。当然，我请客，您买不买都没关系。"

在小王的再三邀请下，客户终于答应了。他们在饭馆落座后，小王并没有马上和客户交谈关于电视机的话题，而是先让客户点菜，客户推辞不过，就拿着菜单仔细看了一番，最后点了三个非常经济实惠的菜。菜上完了，小王和客户的正式谈话开始了。

小王问："您想要一台什么样的电视？"

客户："我也没想好，你看着给介绍吧。"

于是，小王就向客户讲了每种款式的特点以及价格。在小王条理清晰的推销下，客户最终选定了一种款式，并答应明天早上就过去提货。

就在这时，客户的手机响了。接完电话后，客户抱歉地对小王说："真对不起，我朋友刚刚来电话告诉我，有一家公司的产品比你们的要便宜很多，你们的电视机我不要了，这顿饭我请了，就当我赔罪了。"

小王一听，心想这客户的态度转变得也太快了吧。突然他想起客户刚才所点的都是经济实惠的菜，这类客户在购买商品时是非常理性的，往往会追求物美价廉的商品，非常在乎商品的价格。于是，小王决定改变推销方式，不能再在价格上浪费口舌。

小王对客户说：“先生，您说的那个价位的电视机，我们这也有。但是，这个低价位的和我刚才给您介绍的那款肯定是不一样的，它们之间的差别可是很大啊。”

客户问：“是吗？那这两者有什么区别呢？”

小王具体给客户分析了这两款电视的优缺点，并且对客户说：“从这两款电视机的性价比来看，我还是建议您买我给您介绍的那一款，很多客户都喜欢这种电视机，今天已经卖出十多台了。您把这种电视送给您的员工，他们一定会非常感谢您的。”

客户觉得小王的话很有道理，就对小王说：“好的，我就要这款电视机了。明天我就去付款提货。”

第二天，小王成功地签下了这笔单子。

## 典型案例解析

销售员小王通过客户点菜的方式，精准地把握住了这位客户的思维方式和性格特征，并且又及时地选择了恰当的攻坚策略，最终成功地签下了一个差点失败的单子。

## 销售心理 360°全解

销售员在请客户吃饭的时候，基本上都是先让客户点菜，这不仅是一种礼貌，也是一种推销策略。这时销售员一定要认真观察是谁在点菜，都点什么样的菜，点菜的品位和级别怎么样，因为透过这些都可以看到客户的性格和脾气。

（1）第一个点菜的客户。

席间全程点菜或者第一个点菜的客户通常是属于关键人物级别的，这类人往往不是领导人物就是中心人物，他讲的话应该最有分量，而且不会受到他人的反驳或影响。面对这样的客户，销售员应该把重心放在他身上，重点把关，重点关照，多花些时间和精力在他身上，尽自己最大的努力去获取他们的赏识。

（2）点菜比别人高一级的客户。

那些点菜喜欢比别人高一点层次的客户，属于比较喜欢出风头的人，他们的性格比较固执，很难接受他人的建议。面对这样的客户，销售员要给他们提供表现自我、张扬自我的机会，让他们出尽风头，尽量满足他们的虚荣心。在这样的前提下，要获得他们的支持就容易多了。

（3）点特色菜的客户。

这里的特色菜并不是指饭店的招牌菜，而是客户根据自己的见解或者为了满足自己的好奇心所点的菜。这种人崇尚新奇，很容易接受新事物。面对喜欢点一些特色菜的客户，销售员要随机应变，根据实际情况选择不同的谈话技巧。如果他还是客户中的头一号人物，销售员就需要多花一些心思去公关，以便赢得他的信任和同意。

（4）点经济又实惠的菜。

有些客户在点菜时非常理性，他们非常注重自己的兴趣和爱好，在点菜时不容易受别人的影响。他们在购买商品时也同样理性，往往只追求物美价廉的商品，非常在乎商品的价格。对于这些客户，销售员最行之有效的方法就是用自己的语言向客户解释购买决策，让客户感觉购买决策是客户自己制订的，这样会让客户很开心，因为他们喜欢自我决定，非常反感他人替自己做主。

# 通过喝酒发现客户的性格特征

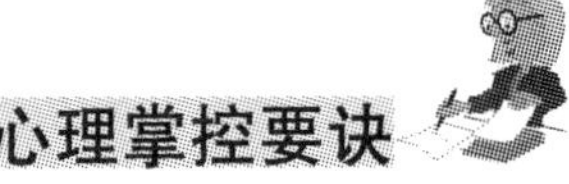

## 心理掌控要诀

酒是个神奇的东西，古往今来，很多人都对它情有独钟。并且，随着时代的不断发展，酒也渐渐成了推销领域的必需品。尤其是在推销员和客户洽谈业务的过程中，酒往往扮演着一个极其重要的角色。甚至可以说，推销员与客户之间的交易都是在酒桌上达成的。所以，酒就成了推销中一个非常重要的法宝。它不仅可以为推销员和客户营造一个良好的气氛，加深彼此的感情，而且还能帮助推销员成功地挖掘出客户的性格，从而顺利地卖出自己的产品。

## 实战情景演练

作为世界上最伟大的房地产推销大师之一的汤姆·霍普金斯，他在与客户谈判时，就非常善于从客户喝酒的过程中分析出客户的性格，然后针对顾客的性格对症下药。

有一次，汤姆·霍普金斯和一位客户约好在雅阁里酒店谈生意。在点酒时，他主动问客户："你想喝点什么？"

那位客户语气自然地回答道："我这人一般别的酒都不喝，只喜欢喝香槟。"

汤姆·霍普金斯听了客户的话，突然想起自己的老师曾经对他说的一句话——喜欢喝香槟的人都是慷慨大方、追求高雅生活，并且经济实力非常雄厚的人。想到这里，汤姆·霍普金斯心中已经有了一套推销方案。

于是，汤姆·霍普金斯向这位客户推荐了一座最贵的别墅，他这样对客户说："这套房子是所有别墅中最好的一套，它的设计独特而又婉约，周边环境风景非常优美，品味相当高雅精致。虽然价钱有些高，但它绝对物有所值。我觉得这套房子就是为您量身设计的，如果您能住进这个别墅，那真是再好不过的事情了！"

这位客户听他这么一说，非常高兴地说道："我非常满意你介绍的这套房子，价钱不是问题，只要房子好，住着舒服就行，我决定买了。"

汤姆·霍普金斯就这样轻易地卖出了最贵的一座别墅。

## 典型案例解析

作为一名推销员，如果你想成功地向客户推销你的产品，那么你就必须先了解客户的性格，然后对症下药，否则只能适得其反。汤姆·霍普金斯之所以能够轻易地卖出这套房子，就是因为他从客户喜欢喝香槟这一习惯中发现客户是一位慷慨大方、品味高雅的人。然后他拿出最贵的、最有品位的别墅向客户推销，结果正合客户口味，成交也就是意料之中的事情了。

## 销售心理 360°全解

每一个客户所喜欢喝的酒都不尽相同，这不仅是一种个人偏好的表现，在很大的程度上它还能显示出这个人的性格。推销员如果能认真观察客户对酒的选择和喝酒的风格，洞察出客户的性格，那么就能成功地找到推销的突破口，从而进行有针对性的推销，这样就会极大地提高推销成功的概率。

（1）喝白酒的客户。

很多喜欢喝白酒的客户通常都非常擅长处理人际关系，但他们大多思想保守，个性要强。这类客户对生活总是抱着一种积极乐观的态度，心地善良，容易向别人袒露心声。心软也是他们的一大特征，即使是曾经伤害过自己的人向自己求助，他们也会不计前嫌，倾力相助。也许正因为他们常常过于关心别人，有时候他们的善良也会被别人利用。

因为白酒有高低度之分，所以喝白酒的客户也分为两种，一种喜欢喝低度白酒，另一种喜欢喝高度白酒。推销员在和喜欢喝低度白酒的客户交谈时，一定要尽量以谦卑的心态面对他们。这样，就容易博得客户的同情和赏识，产品的推销进程就会顺利许多；在面对喜欢喝高度白酒的客户时，销售员就要避免自己夸夸而谈，而是要多征求客户的意见，要让他们感到自己是受尊重的，只有这样才能博得他们的好感。

（2）喝啤酒的客户。

性格比较温和的人都喜欢喝啤酒，这类客户乐于助人。也许正因为他们性格温和才导致他们在遇到事情时，犹豫不决，拿不定主意，总是让自己陷入迷茫的境地。

销售员在和这种客户交谈时，就要针对他们没有主见的性格，主动帮他们拿主意。如此一来，就容易促成生意成交。

（3）喝香槟的客户。

香槟在人们的眼中是一种身份的象征，它有着高雅、优越的魅惑力。所以，喝香槟的客户身上也会有一种天生的高贵与优雅。他们喜欢喝香槟并不是喜欢香槟，而是因为他们讲究身份，注重地位。这类客户一般都有很强的经济实力。

销售员在面对这类客户时，一定要显示出自己高雅的品位和良好的修养。不管你们谈论什么事，你都要有自己独特的见解和想法。同时，还必须注意，向这类客户推荐商品时，商品的质量和品质都必须是一流的，只有这样，才能赢得客户的青睐。

# 第二章

## 洞悉客户心理需求，引爆顾客的购买冲动

在销售过程中，洞悉客户心理需求，引爆顾客的购买冲动，是销售员获得销售业绩的最佳方法。要想掌握这种方法，就必须了解客户的喜爱心理、虚荣心理、熟人心理、安全心理，等等。如果销售员能全面而准确地了解客户的这些心理，并配合相关的销售技巧，就必然会获得销售上的成功。

# 挖掘客户潜在的需求

## 心理掌控要诀

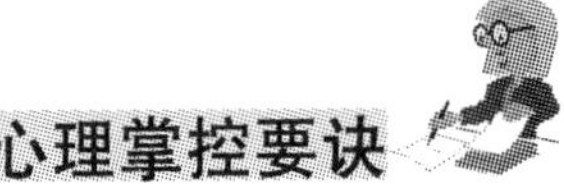

客户的需求一般分为具体需求和潜在需求。客户的具体需求是指客户想要什么，希望得到什么。客户的具体需求看上去似乎很难挖掘，但其实不是这样的，它也是可以开拓和创造的。客户的潜在需求比较抽象，它或许只是客户的一种意识，这种意识很抽象、很模糊，却是销售人员挖掘这种需求的最好时机。

## 实战情景演练

欢欢所在的公司上个月销售了一台激光打印机给黑马广告公司，这天，公司派她去拜访这家公司的张总经理，顺便做一下客户回访。按照约定时间，欢欢准时来到了张总的办公室。

欢欢：“张总，您好，我们的打印机用得还顺手吧？有什么需要我们帮忙的吗？”

张总：“还可以，到现在还没有发现什么问题。”

这时候一个秘书拿来一份文件，张总看了一会儿便皱起了眉头，说道：“怎么又打错了，拿回去重打！”秘书连忙拿着文件出去了。

欢欢：“您打印时经常会出现很多错误吗？”

张总：“有一些，虽然不是很多，但还是没有达到我想要的效果。”

欢欢：“您说比您想象的多，这是不是意味着这些错误在您把文件送到客户手中时给您造成了一些麻烦？”

张总：“这个倒是不会，因为在我把重要文件送出去之前我都会进行仔细的校对。”

欢欢：“那是不是要浪费很多时间呢?”

张总：“是的，但这也总比把带着错误的文件交给客户要好得多。”

欢欢：“假如您不花费时间来校对，那您节省下来的时间会干些什么?”

张总：“我可以用这些时间来培训我的办公室职员。”

欢欢：“这种培训可以提高办公效率吗?”

张总：“当然可以。例如，新员工不知道如何使用这儿的仪器，所以我必须要抽出时间来教他们。”

欢欢：“照您这么说的话，那用于校对的时间就成了您培训员工的阻碍，从而影响了他们的工作进度。”

张总：“是的，我的工作负担太重了。”

欢欢：“我看得出来，只有减少校对量才可以缓解您目前的瓶颈状态。也就是说，您现在非常希望有一种可以使文件错误减少的文字编辑器来帮助您，对吗?”

张总：“是啊，非常希望。我们这儿的人都很反感重新打印，文字编辑器的应用将意味着大大减少了重新打印的时间，这对于大家来说是一件好事。”

欢欢：“张总，其实不瞒您说，我们公司刚推出一款新的文字编辑器，效果很不错，您可以试试。”

张总：“是吗? 这确实可以解决我的很多问题。你回去后把这个产品的资料传给我看看。”

第二天，欢欢成功地向张总卖出了这款文字编辑器。

## 典型案例解析

广告公司在面对经常出现打印错误的问题时，虽然并没有思考

刘主任:“不急,老板也没提这个事。”

小星:“刘主任,老板没提这个事可能是因为他事情太多没注意到这个问题。但是您想到没有,万一在电工没到位这段时间,工厂的电器或电路发生问题该怎么办呢?”

刘主任:“嗯,这确实是个问题。”

小星:“刘主任,我知道您的工作一向做得很棒,老板非常认可。但是凡事都有个万一,万一工厂出现了什么问题,而电工还没有到位,老板肯定会责怪您失职的。您如果因为这件小事而让老板对您形成不好的印象是多么不划算啊,您说呢?”

刘主任:“你说的也有一点道理。”

小星:“刘主任,能不能再请教您一下?”

刘主任:“你说。”

小星:“请问您要招的这个电工是不是还要懂一点设备维修和维护呢?”

刘主任:“我们工厂机器比较多,所以要求电工必须懂一些日常维护和维修,之前那个电工就是因为不会维护才被解雇的。”

小星:“原来如此,那这个职位的待遇如何呢?”

刘主任:“每月 1500 元。”

小星:“刘主任,坦白讲这个待遇低了一点,现在一般的水电工大概是每月 2500~3500 元,如果要懂设备维修的话,一般每月都要在 4000 元以上。”

刘主任:“原来这样,怪不得我们上次没有招到合适的电工。”

小星:“是的,刘主任,建议您跟老板提一下,把待遇提到 4000 元,一个好的电工可以为公司节省很多钱,相信您的老板一定知道这个道理。另外,好电工可能不是那么好招,我准备给您设计一个简单的招聘方案,您觉得如何?”

刘主任:“你都这么专业了,我还能不听你的么,你说吧。”

小星:“我的建议是您安排两场招聘会 350 元,我们还送您一个报纸招聘版面。这个方案的好处是能够集中时间把电工招聘到位。您看怎么样呢？"

刘主任："招一个电工要订两场招聘会，是不是多了点？"

小星："刘主任，订两场的好处是可以送一个报纸招聘版面，考虑到您招的不是一般的电工，现场不一定能够找到，所以有必要增加报纸渠道。我们的报纸会在主要工业区派发，这对招聘效果是一个有力的保证，所以这个套餐对您来说是最优惠超值的，您觉得呢？"

刘主任："你说的也有道理，好吧，那就这样定了吧。"

## 典型案例解析

小星之所以能让刘主任一步步按照自己的要求去走，是因为小星总能够通过巧妙的提问激发刘主任的需求意识，并让刘主任知道自己的需求迫切需要解决，所以最终爽快地答应了小星给他提供的套餐。

## 销售心理 360°全解

高明的推销员在向客户推销产品的过程中，很少刻意强调客户必须要购买自己的产品，而是恰当地向客户提出一些问题，让客户自己去得出结论，并让客户认为那是他自己的想法和自己确实有这方面的需要，这样客户才会非常乐意接受你的产品，因为没有人喜欢被逼迫着去买某种产品。所以，销售员要想赢得客户的订单，就必须掌握以下几种向客户巧妙提问的方法技巧。

（1）肯定法。

肯定法要求销售员所提的问题能够便于客户用赞同的口吻来回答。也就是说，销售员让客户对其销售说明中所提出的一系列问题，能够连续地回答“是”。这样一来，等到要求签订单时，只需要让客户再做一次肯定答复就能大功告成。

（2）利用客户好奇心法。

销售员和客户在刚见面的时候，就可以直接开门见山地向客户说明情况或提出问题，故意说一些能够激发他们好奇心的话，将他们的思维引到你可能为他提供的好处上面来。

（3）鹦鹉学舌法。

鹦鹉学舌法就是首先肯定客户的见解，然后在客户提出的见解的基础上，再用提问的方式说出自己要说的话。

（4）单刀直入法。

单刀直入法要求销售员直接针对客户的主要购买动机，开门见山地向其推销，令他“措手不及”，然后“乘虚而入”，对其进行详细说服。

## 喜爱效应：客户总是愿意为喜欢的东西买单

### 心理掌控要诀

人都是有感情的物种，往往会对某一事物产生一种情有独钟的感情，这就是人的喜爱心理。人们在购物时也往往是根据这种心理来选购商品的，对于自己喜欢的物品，往往愿意为其买单，甚至会变得大手大脚，而忽略其价格的多少。可以说，个人偏好无时无刻不在左右着客户去作出个性化的购买决策。所以，销售员在推销产品的时候，一定要利用好客户的这种心理，这样才会使你的销售业绩得到更大的提升。

## 实战情景演练

一位年轻的时尚白领非常喜欢宝马车，有一天，她来到宝马车行，与销售顾问进行了一个多小时的沟通，结果她对一款黑色的宝马车有了深刻的印象，并表现出强烈的购买欲望。

但是，就在即将签合同的时候，她却有些犹豫了。她拿着笔问销售顾问："我为了喜欢的车这么快就签下合同，是不是有点冲动了？是不是应该再好好考虑一下？"

客户的问话让销售顾问顿时陷入了两难的境地。如果否定客户这是冲动，这明显与事实冲突；如果承认客户比较冲动，那么是否意味着客户应该深思熟虑一下？这样有可能导致这单生意的失败。

不过经验丰富的他只是略微思考了一下，便沉着地回答："您当然是冲动啦！哪个买宝马车的车主不冲动？宝马就有这么大的魅力，就是这么能打动人！您是在为您喜欢的宝贝买单，有多少人有这个冲动却没有能力支付啊。拥有这款黑色跑车是一种高贵而理智的冲动，因为喜欢才是真道理！您觉得呢？"

客户边听边频频点头，连连说对，毫不犹豫地签了购买合同，支付了定金。

## 典型案例解析

案例中的销售顾问之所以能在客户犹豫不决的时候，还可以顺利地让她签下合同，是因为销售顾问懂得使用"客户总是愿意为喜欢的东西买单"这个销售法宝！他运用巧妙的回答，抓住客户的喜爱心理，投其所好，不断地刺激客户的购买欲望，积极引导客户购买，最终如愿以偿。

我们销售员应该做的就是洞悉客户的购买欲望，抓住客户的购买信号，并且在必要的时候不妨来个顺水推舟，积极促使客户购买。这样我们的目的就很容易达到：不仅让客户买到满意的“宝贝”，让客户得到那种消费的快感，还让客户成为我们产品的忠实回头客！那么，如何才能知道客户喜欢什么呢?

（1）从言语中得知。

当销售员和客户交谈的时候，可以仔细倾听客户的话语，当他的话语中反复出现某一物品或者和这一物品密切相关的词汇时，说明他对这一物品非常喜爱。此时，销售员要对这一物品多加赞美，客户就会毫不犹豫地购买。

（2）从眼神中得知。

当销售员和客户交谈的时候，要认真观察客户的眼神。如果客户的眼神经常落在某一商品上，而对别的商品看都不看一眼，那说明客户非常喜爱这件商品。此时，销售员要投其所好，故意多谈这件物品的好处，并向客户推荐这件物品，客户就会欣然接受。

## 虚荣心理：每位顾客都想得到 VIP 待遇

人人都有爱慕虚荣的心理，所以，人人都想成为“重要人物”“贵宾”等，用时下的话说就是人人都想成为 VIP 会员，得到 VIP 待遇。VIP

待遇已经成为一种身份和地位的象征。作为一名推销人员，如果你能洞察每个客户都想享受“VIP”待遇的心理，在推销产品的过程中，给客户有别于一般客户的服务或者价格，让他们享受到“VIP”的待遇，那么，你不仅可以成功地推销出自己的产品，还能与客户建立长久的合作关系。

## 实战情景演练

有一天，李小姐的朋友生日，李小姐邀请她去一家商务酒店参加生日聚会。聚会期间，酒店的经理向李小姐和她的朋友推荐了VIP会员卡的项目，并给她们每人办理了一张VIP会员卡，说以后只要来酒店消费，都可以享受贵宾待遇。

没过多久，李小姐请几个客户去那家酒店吃饭。吃完后结账的时候，李小姐想起这家酒店的经理曾经给自己办理过VIP会员卡，便掏出了那张卡，询问服务员：“听你们经理说有VIP会员卡的可以享受贵宾待遇，这是一种什么样的待遇呢?”

服务员接过卡一看，确实是老板签字的会员卡，立马热情地回应道：“李小姐您好，您作为我们酒店的VIP会员，将享受打折的优惠，不仅您的酒水按七折算，而且海鲜也打八折，另外，公司还特意为您准备了一份水果沙拉，我这就让人给您送过去。希望您下次光临。”

这种贵宾待遇不仅让李小姐觉得自己在客户面前很有面子，而且还省了不少钱，所以李小姐对这家酒店非常满意。从此以后，只要接待客户，李小姐都会把这家酒店作为首选。

## 典型案例解析

由于酒店经理明白“人人都想得到VIP待遇”并巧妙地利用人们这一心理，给李小姐办了一张VIP会员卡，并且在李小姐来酒店消费的时候让她享受贵宾待遇，极大地赢得了李小姐对酒店的喜爱。虽然说酒店在给李小姐打折的时候少赚了一点钱，但是赢得了李小姐青睐，让她成为酒店的主顾，今后会为酒店带来更多的收益。

## 销售心理 360°全解

受到特别重视和尊重是顾客很正常的心理需求。有调查表明：在转而选择竞争对手商品的顾客中，有 15% 是因为“其他公司有更好的商品”，另有 15% 是因为发现“还有其他比较便宜的商品”，但是有 70% 的顾客并不是因为产品因素而转向竞争者的。在这 70% 的顾客中有 20% 是因为不被销售人员重视，享受不到 VIP 待遇而转向竞争者的。由此可见，VIP 待遇对于会员来说是多么重要。那么，销售员应该如何对待和管理自己的 VIP 客户，从而让他们为自己创造长久价值呢?

（1）VIP 客户信息管理。

销售员应该多角度、全方位地整合会员基本信息、需求信息、价格信息、联系历史、交易历史、信用度、忠诚度影响力等。只有这样，才能在第一时间挖掘出 VIP 客户的需求并联系上他们。

（2）VIP 客户价值管理。

会员价值管理的目的是将会员价值最大化。销售员可以对具体的每个 VIP 客户进行量化的价值评估，以便清楚地知道不同 VIP 客户的价值，例如根据消费额度、消费方式、信用情况等方式将会员分等级，形成金字塔式的会员等级，然后采取措施刺激其消费，使其成为忠诚客户。同时，对不同级别的会员，销售员要采取不同的销售手段，对症下药。

（3）VIP 客户关怀管理。

在特定场合如节日、生日等，销售员要主动制定相关的关怀策略，通过电话、短信、邮件等方式表达自己对 VIP 客户的特别关怀，维护与 VIP 客户的关系。

（4）VIP 客户接触管理。

在日常生活中，销售员要最大可能地与 VIP 客户接触，通过面对面、电话、短信等传递信息，扩大接触度，增强感情。

## 熟人效应：客户更愿意去熟人那里购买产品

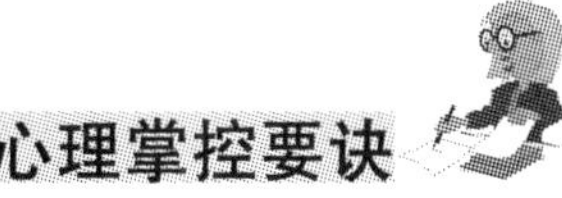


俗话说，有熟人好办事。可见，每个人的心里都有一个根深蒂固的观念，那就是办任何事情都愿意去找熟人帮忙。这种现象被心理学家称为“熟人效应”。同样，这种现象在销售领域也非常普遍。销售员如果能学会利用好“熟人”效应，不仅可以提高我们的销售业绩，还能让更多的“陌生人”变成“熟人”，从而为我们建立下广泛的人脉网络。

### 实战情景演练

小陈是一家高档服装店的服务员。一天，一位顾客带着老婆前来买衣服。小陈在顾客买衣服期间，表现得非常热情，并给顾客详细讲解了今年服装流行的款式和颜色。在讲解的过程中，顾客与她聊了很多家常话，并慢慢熟悉了。

一个月后，这位顾客又来买衣服。

小陈问：“张先生您好，欢迎光临。怎么今天您夫人没有一起来啊？”

客户说：“她感冒了，有点严重，现在在家里休息呢。”

小陈：“有没有看医生啊？正好我这里有一瓶莲子汁，您带回去给她喝吧，可以驱寒泻火的，对治疗感冒很有帮助。”

客户拗不过小陈的热情，只得把莲子汁带回去了。从那以后，客户和小陈成了老熟人，只要是买衣服，必来小陈的店里。还介绍了很多自己的朋友来小陈店里买衣服，小陈的销售业绩也有了很大的提高。

## 典型案例解析

小陈在与客户打交道中，非常善于运用“熟人效应”，她通过自己细心周到的服务，深深赢得了客户的信赖，让客户愿意把她当成朋友和熟人，买东西时总是第一个想到她，所以她的销售业绩大幅提升也就不足为怪了。

## 销售心理 360°全解

在销售当中，“熟人效应”发挥着不可小觑的作用。如果你与客户不是熟人，不是他信赖的朋友，那么客户将不会轻易到你那里购买产品。那么，如何才能和客户尽快成为熟人呢？

（1）要多与顾客沟通。

我们结识新朋友的最有效途径和方式便是沟通。只有沟通了，我们才能相互了解对方，熟悉对方，才能发现共同的兴趣或者是某些相似的地方，才有可能发现我们共同的“熟人”，从而通过此“熟人”让我们彼此变得更加熟悉起来，为进一步的合作打下一个良好的基础。

销售员在和陌生顾客沟通时一定要讲求方式和方法，要找准沟通的切入点，采用礼貌而恰当的语言来让顾客相信你、信任你，从而产生与你沟通交流的欲望。否则，如果不注意方式方法，可能会导致顾客产生一种防备和警戒心理，不但不愿意和你交流，反而会反感你的做法，这将导致你的沟通失败，从而失去和顾客成为熟人的机会。

（2）主动与“熟人”进行感情沟通。

托请熟人帮忙介绍业务。无论是在平时还是销售旺季，我们都要学会主动与“熟人”进行有效沟通，一方面向熟人问好，增加与熟人之间的感情。同时，还可以询问熟人有没有什么购物意向和需求，如有需求，可以送货上门，并给其最优惠的价格。另一方面，托请熟人帮忙多介绍他的亲朋好友来店购物，如果达到一定的数量，可以向其赠送小礼品，以示感谢。

（3）对待“熟人”购物一定要尽量给予最优惠的价格。

“熟人”顾客之所以会选择购买我们的产品，一是因为相信我们的产品质量好，二是因为想从我们这里获得最优惠的价格。为此，当碰到“熟人”顾客时，我们一定要尽量给其最优惠的价格。如果价格实在无法优惠，在可能的情况下，我们可以赠送其一份小礼品，哪怕是一个钥匙扣也好，以表示我们对他们的特惠待遇，增强他们对我们的好感，自然而然，他们就会成为我们的主顾，并且愿意为我们介绍更多的客户。

## 安全心理：试用和体验更能让顾客下定决心购买

### 心理掌控要诀

心理学研究发现，人的情绪只有在身临其境时，才能被最大限度地调动起来。这无疑又给销售人员提供了一个投顾客所好的方法，那就是让顾客得到切身的体验。

客户在购买前总希望彻底了解产品，包括它的用途、性能、款式、颜色、质量、规格、使用寿命，等等。所以，销售员应该想方设法展示你的产品，给客户提供一个亲自体验产品的机会，把客户的视觉、听觉、味觉、触觉、嗅觉充分调动起来，从而最大限度地满足客户的心理需求，促使客户更快地作出购买决定。只有这样，你的产品才会被客户购买。

## 实战情景演练

在一家宝马4S店里，销售员小黄正面带微笑，热情地接待一位买车的客户。

小黄："先生您好，欢迎试驾。首先请您进入这辆宝马车的驾驶室，亲身体验一下驾驶的美妙感觉吧。在这之前，您可以尽情想象一下：在一个凉风习习的黄昏，您驾着车驰骋在海滨大道上，无尽的美景尽收眼底，车内音乐和缓、空气清新，车载冰箱里装满了美食美酒。身边坐着亲密的爱人和孩子，他们和您一起共享生命中最浪漫的时光。这辆车就像您最喜爱、最忠诚的爱犬一样，始终陪伴您左右，和您共度每一个美好的日子，见证您生命中每一个重要的时刻……"

听完小黄的一番述说，客户马上就陷入了他所描述的美妙世界里，脸上流露出愉悦陶醉的表情。

见此情景，小黄马上趁热打铁地说："先生，如果我是您，我将会尽快邀请这样一位朋友进入到我的生命旅程中。而且，今天阳光灿烂，是个出行的好日子，何不趁现在就开着这款爱车和亲朋好友去兜风呢！"

就这样，本来还在几个汽车品牌之间犹豫的顾客，在试完这辆宝马车后爽快地与小黄签了单。

## 典型案例解析

小黄通过富有感染力的描述向顾客勾勒了一副诗意盎然的生活场景。在这幅场景中，顾客看的是海边美景，听的是舒缓美妙的音乐，品的是美食美酒，感觉的是亲人朋友的浓浓情感。各种感官体验为客户提供了一种难以言喻的心理体验，那就是愉悦。有了这种种美妙的心理体验，以及亲身的试驾体验，顾客自然对小黄推荐的宝马车有了更多的感情，接下来的签单便是水到渠成的事情。

## 销售心理360°全解

如今，体验已经成为一种流行并且实用的销售策略，食品试吃、各种商品试用，早已成为促进销售的常规手段。已经有越来越多的人意识到，美好的体验是凝聚在产品上非常重要的附加价值，尤其是对于一些品牌产品，好的体验常常会让产品大大增值，成为决定客户是否购买的重要因素。

让顾客对产品进行体验，能拉近顾客与产品之间的心理距离，能增强顾客对产品的感情。在销售过程中，销售人员要积极主动地给顾客创设“体验”的场景和气氛，提供体验产品或服务的机会，使其能够亲身看到、触摸到、闻到、尝到、听到，进而产生美好的情绪体验，在体验中加深对产品的印象和好感，促使其做出最终的购买决定。然而，并不是所有的产品都适合让客户亲自体验，我们在利用这种方法时必须注意以下几点。

（1）让客户体验的产品必须质量优异。

产品本身必须有良好的质量保证，经得起顾客反复接触，不易损坏或变质。销售员平时应准备一些样品，并注意加以保管，以免在顾客操作体验时出毛病，影响推销效果。

（2）产品本身适合让客户体验。

适合客户亲自体验也是产品的一个关键因素。如果你的产品是重型机床、推土机等就不适合这种方法。但是，业务员可以利用图片、产品模型等作为媒介接近顾客。

（3）客户体验的必须是有形的实物产品。

看不见摸不着的无形产品或劳务，是无法让客户亲身体验的。例如：人寿保险、旅游服务等。所以，产品必须是有形的实物，可以直接作用于顾客的感官。

（4）产品本身必须很有特色。

在顾客看来毫无特色、毫无魅力的一般商品，即使在体验过后他们也不会有购买的欲望。所以，产品本身必须具有一定的吸引力，能够引起顾客的注意和兴趣，这样，才能达到吸引顾客的目的。

## 效率心理：时间有限，快速成交也是卖点

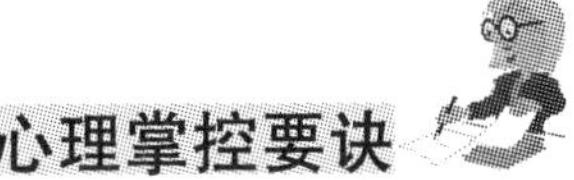


人们都这样认为：最好的客户是最具有能力购买我们商品的人，通俗地讲就是有钱人。但是，有钱人通常都是善用时间的人，因为只有合理安排时间才能积攒巨大的财富。这些人通常整天忙着开会、见访客、谈业务……根本没时间做其他的事。所以，销售员要想和他们达成交易，就必须对这类客户的时间重视起来，尽量为他们节省时间，只有这样才能赢得他们的好感，使我们顺利地展开销售。

李静是一名保险销售员。前不久她给一家公司的郑经理打电话预约见面的时间。

郑经理在电话里应承道："你中午来吧。"

中午12点时，李静准时出现在郑经理的办公室门口，她轻轻敲开了

郑经理的门，然后大方地说道："郑经理，打扰您了，我是××保险公司的李静，咱们上周约好今天见面的。"

郑经理纳闷地问："小姐，你怎么在午餐时间拜访客户啊？这样多不好啊。"

李静听了后，忙道："郑经理，您让我中午来见您的，所以，我才12点准时到的。我怕您工作忙，时间紧，所以一到12点就来拜访您了，毕竟12点是中午的开始。"

郑经理听了李静的话后怔了一下，心里暗自想到：这个销售员也太准时了吧！

李静看出郑经理不高兴，便赶紧说："既然12点你不方便，那我半个小时以后再来，好吗?"

郑经理点了点头，说："可以。"

于是，李静从办公室出来后，在公司附近的公园里歇息了一会，便又返回郑经理的公司。

十二点半时，李静大步走进郑经理办公室，大声说道："对不起，打扰您了，请原谅！我是××保险公司的李静。我知道您很忙，所以我会用最短的时间向您介绍我们公司的保险……"

郑经理见李静的时间观念如此强，并且懂得为自己节省时间，便同意了她的请求，最后他接受了李静的建议，并签下了20万元的保单。

## 典型案例解析

李静知道客户的时间比自己的时间还要珍贵，他们忙起来的时候甚至连听销售员讲解几分钟的时间都没有，即便能和销售员说几句话，也是来去匆匆。所以她用高效管理时间这一做法让客户对自己产生了信赖，从而顺利地签下了保单。

## 销售心理360°全解

如今是一寸光阴一寸金的时代，任何人的时间都珍贵，没有人喜欢在一件事情上浪费过多的时间，尤其是客户。所以，当销售员与客户谈话时，一定要直奔主题，抓住重点，抓住他的注意力，为他大大地节省时间。那么，如何才能在有限的时间里实现快速成交呢?

（1）先谈结论，再谈理由。

对于时间观念强的客户，洽谈时除了必要的寒暄外，应该立刻将话题转移到正题上。此时，销售员要直截了当地说出此次谈判的结论，这样可以吸引住客户的注意力，然后利用他们的好奇心为陈述你的理由争取时间。如果客户觉得理由并不重要的话，那么你在告诉他结论后，他就会决定是否成交，这也为他节省了大量的时间。

（2）巧妙拖延时间。

销售员在有限的时间里，最好长话短说，多用动词，少用形容词，用语简短有力，同时注意有技巧地拖延时间。比如，我们可以对他说："我只花您5分钟的时间。"当我们谈到5分钟时，再看看客户的表情。如果他是一副还想继续听下去的表情，那么我们可以再说："我再谈几分钟就好。"当我们谈了几分钟后，可以反问客户："您还有什么不清楚的地方，需要我向您解释吗?"利用这种方式，静候客户的发言，为自己的快速成交扫除障碍。

记住，这时应特别注意拖延时间的说话技巧，绝不可以讲4分钟，6分钟或10分钟。

# 权威效应："专家"销售更能赢得客户信任

## 心理掌控要诀

在现实生活中，为什么很多人都喜欢购买名牌产品呢？相信很多人都会给出这样的回答：因为它有明星代言，有权威机构认证，有社会的广泛认同。毋庸置疑，权威效应在销售过程中起着很大的作用。如果销售人员能够巧妙地运用权威的引导力，就能对其销售起到很大的促进作用，因为它能够帮助顾客打消购买顾虑，不再轻易说出那个"不"字。

## 实战情景演练

老王刚开了一家户外用品批发商店，第一天开张，只有一位顾客光临。

老王："先生您好，想要什么样的户外用品？"

顾客："哦，我先随便看看。"

老王："好的。"

顾客绕着店里转了两圈，看中了好几样商品，于是，顾客向老王提出了几个问题，老王回答得头头是道，顾客听后不断点头。但顾客还是不能完全相信老王，对是否要在他的店里进货犹豫不决。

顾客："你店里的这些户外用品，有很多实用又独具匠心的，我倒是挺喜欢，就是担心质量问题。还有一点让我觉得奇怪，你的店里怎么除了我，再也没有别的顾客？"

老王："是这样的，今天是我的店开张的第一天，所以人可能会少点。"

顾客："哦。"

老王："不过，我店里商品的质量问题，你尽管放心。您看，这是我们产品的品牌认证证书、质量认证证书，并且，这种品牌的日用品在××电台做了大量广告，得到过很多权威专家的推荐……"

顾客："嗯，有这么多专家的推荐，质量应该不会太差吧，那我以后就从你这批发货了。"

## 典型案例解析

老王是一个有经验的销售员，因为他懂得利用人们的这种"专家"心理，借助专家的威慑力来引导客户、影响客户，从而为自己的销售工作带来便利。当老王发现客户对自己的产品不熟悉而心存疑问时，他利用人们这种受权威效应影响的心理，拿出产品的认证证书和专家们的推荐证明，及时打消了客户对商品质量的顾虑，从而为自己的销售铺平了道路。

## 销售心理 360°全解

在销售中，用"权威"说话更容易赢得顾客的信任。如果销售人员能恰当地运用"权威效应"，就能很好地改变客户的想法，消除客户的购买顾虑，使客户相信你的产品，并尽快作出购买决定，甚至还能让那些已经打定主意不买的顾客，重新考虑自己的决定。所以，销售员在利用权威效应时，应该注意下面两点。

（1）权威效应中的安全心理。

销售员要善于借助一些有影响力的权威机构或者权威人士的认可，来证明自己产品的质量和价值，以增强自己的说服力，达到促使客户购买的效果。但是，在使用这一方法时也要注意，绝对不可以使用曾在公众视野中出现过不良影响或安全问题的已经失去信任的权威。

（2）列举的权威要有真实性。

销售员在列举权威时，一定要注意权威的真实性。不能用虚假的权威或者自己编造的权威来欺骗客户。如果你这样做的话，万一被客户识破，将会影响你和公司的信誉，客户以后也会拒绝购买你们公司的产品，这是得不偿失的。

## 实在心理：客户更关心产品带给他们的好处

### 心理掌控要诀

古人有云：天下熙熙，皆为利来；天下攘攘，皆为利往。这确实是一个亘古不变的真理，它告诉我们：人们关心的是实实在在的利益。其实，在销售领域中，这句话同样适用。因为客户和销售员关心的都是自己的利益。但是，销售人员一定要明白：自己卖的不是产品，而是产品给客户带来的利益，而只有产品能够满足客户的需要，才能为客户带来利益。销售员只有帮助客户实现其利益，客户才会重视你，才会购买你的产品，你才能因此而盈利。

### 实战情景演练

成立于1972年的布鲁金斯学会以培养世界上最杰出的推销员闻名于世。它曾有一项规定：每期学员毕业时，都要设计一道最能体现推销员能力的实习题，让学生去完成。谁完成了，布鲁金斯学会就会把“最伟大的推销员”奖的一只金靴子奖给他。

在克林顿做总统期间，布鲁金斯学会曾给学生出了一个很棘手的问题：请把一条三角裤推销给现任总统。然而，八年的时间过去了，竟然没有一个学生完成这道题。克林顿谢任后，布鲁金斯学会便把题目换成：请把一把斧子推销给布什总统。

鉴于前八年的失败与教训，许多学员都知难而退。然而，一个名叫乔治·赫伯特的学员他没有退却，并且经过自己的一番努力，终于成功地将斧子推销给了布什总统。

当大家问起他是如何成功的时候，他是这样说的："我发现布什总统在德克萨斯州有一家农场，并且种了许多树。于是，我给布什总统写了一封信。我在信里说：'总统先生，有一次，我有幸参观了您的农场，发现您的农场里种着许多矢菊树，有些已经死掉，木质已变得松软。我想，您一定需要一把小斧头，来砍掉这些死去的树木。但是，从您现在的体质来看，这种小斧头显然太轻，我觉得您需要的是一把锋利的大斧头。现在我这儿正好有一把这样的斧头，它是我祖父留给我的，很适合砍伐枯树……"

寄出信之后，过了半个月，布什总统就给乔治·赫伯特汇来了15美元。布鲁金斯学会在证实这一消息是真实的之后，立即把刻有"最伟大的推销员"字样的一只金靴子奖给了乔治·赫伯特。

## 典型案例解析

乔治·赫伯特之所以能成功地将斧子推销给布什总统，是因为他深知只要是人，都会关心自己的利益，总统当然也不例外。于是，他打听到总统有一家自己的农场，并且还种了许多矢菊树，而这些树有一部分已经死掉。这一切为乔治·赫伯特提供了有利的条件，他站在总统的立场为他作了全面的考虑，他考虑到那些枯树要被砍掉，就需要一把斧子，而总统正值壮年时期，一把锋利的老斧头更适合他，并且说明这把物美价廉的斧头是独一无二的，如此一来，总统自然就动心了。

## 销售心理360°全解

那些业绩突出的销售员之所以与众不同，就是因为他们比一般销售员更懂得如何为客户赢取利益。要想做一名成功的销售人员，就必须谨记以下两点。

（1）销售要双赢。

销售是一门双赢的艺术，作为销售人员，一定要设身处地为客户着想，帮助客户实现利益的最大化，这样，才能实现你自身利益的最大化。客户在购买产品时，隐藏的购买因素是想获得产品带给他们的效益和解决方案。准确判断或帮助客户找出他们想从产品中得到什么效益和解决方案，你的销售工作才能顺利展开。

另外，销售员还要注意，帮助客户省钱就是帮助自己赚钱，也只有一心为客户省钱、赚钱，自己才能赚到钱。在现实生活中，很多销售员太关注自己的利益而忽视了客户的利益，结果导致客户产生了抵触情绪，本来可能成交的生意最终以失败收场。

（2）卖点是功能，功能并非是卖点。

从某种角度上说，客户购买的不是产品，客户购买的是产品带给他们的好处，是对自身问题的解决和对自我需求的满足。客户从来就不曾关心产品有什么功能，客户只关心这些所谓的功能能够实实在在帮助自己解决什么样的问题。换个角度来说，客户都想知道你的产品或服务能为他们解决什么问题或是带来什么价值，而不是你的产品或服务是如何好、功能如何先进。因此，销售员一定要记住一句话：所有卖点都可能是功能，但不是所有功能都是卖点！

# 第三章

## 找准客户心理突破口，拉近与顾客之间的心理距离

在销售过程中，找准客户的心理突破口，拉近与客户的心理距离，是消除客户疑虑，获得客户信任，并最终促成交易的前提。所以，销售人员必须在自身形象、态度、行动等方面不断地改进和提高，打破心与心之间的隔阂。只有这样，销售人员及其产品才能获得客户的认同，销售才能成功。

# 首因效应：打造良好的第一印象

## 心理掌控要诀

心理学家作过统计，发现在人际交往过程中的最初4分钟里，是印象形成的关键期，在这一时期形成的印象对一个人感观判断的影响大概占75%。不管你给人留下的第一印象是不是真实的，别人以后都很难改变对你的看法，而且人们都会不自觉地为自己的想法找各种依据。这就是著名的首因效应。

首因效应在销售中也起着非常重要的作用，因为销售员和客户初次见面的交谈时间基本上都很短。那么，在短暂的时间内，第一印象就成为自己是否能取得客户信任的关键所在。如果第一印象良好，客户就会喜欢我们，起码不讨厌我们，这就为我们进行下一步销售乃至与其长期合作打下了基础。如果客户看见我们就觉得厌烦，那么我们就失去了和对方交谈的机会，销售成功更是不可能的事。

## 实战情景演练

小沈是一个刚出大学校门不久的销售员，他在工作上认真负责、热情、自信；外表帅气，还留着一头飘逸的长发。他推销的产品质优价廉，但不知为何，他的销售业绩却总是上不去。看着同事们一个个拿着厚厚的订单，他非常苦恼和迷茫。无奈之下，他找到公司经理寻求答案。

经理听了他的烦恼，笑着拍了拍小沈的肩膀，说："小沈啊，其实问题就出在你的发型上！在销售工作中第一印象是成功的关键。我们现在要面对的是商务人士、白领精英，他们有着高端的品位和独特的内涵，你的长发只会让他们觉得你这个人不可靠、过于张扬，进而引发他们对你的产品产生抵触情绪。”

听到这里，小沈恍然大悟，回去就将自己的头发剪成了精干的小平头。从那以后，随着小沈个人形象的改变，他的业绩也是节节攀高。

## 典型案例解析

小沈的销售业绩之所以总是垫底，皆是因为他那头长发影响了自己给客户的第一印象。在小沈改变发型后，他的业绩开始增长，也是因为良好的第一印象打消了客户对他的不信赖感。

## 销售心理 360°全解

销售心理学家曾经做过这样一个实验，让水平相同的销售员去推销同一件产品，只是这两个销售员在形象上有所不同。结果，客户与给他留下来良好第一印象的销售员进行了愉快的交谈，并买下了产品，而对另一名销售员却很冷淡。由此可见：第一印象决定销售的成败。那么，我们要想成为一个金牌销售员，又该如何建立起自己良好的第一印象呢？

（1）着装要正确。

美国一家调查公司发现，那些注重着装，职业形象较好的人，其工作的起始薪金比其他人要高出 8% ~20% 。这里说的注重着装并非是要求追求奢华的服饰，但是最起码也要做到衣着干净大方，打扮得体。

心理学家曾说，初次见面，90% 的印象来源于服装。也就是说，衣着能直接反映出一个人的气质、修养和情操。穿戴整齐、干净利落的销售员容易赢得顾客的信任和好感；而一贯凌乱的销售员会给顾客留下办事不稳重、懒惰、脑子糊涂等负面印象。

另外，销售员在会见客户之前还应该调查清楚客户的身份，从而确定穿什么衣服。如果我们会见的是企业主管，就一定要穿正装。但是，如果我们的客户是农民，那么穿着西服打着领带感觉就有点滑稽了。

（2）修饰要适当。

在外表方面应该注意：眼睛无论大小，一定要有神，尤其是眼部的分泌物要及时清除。如果戴近视眼镜，镜片和镜框都应该完好无损。

鼻子的清洁非常重要，分泌物过多应提前清除，鼻毛如果长到鼻孔外，应提前修剪。

嘴的修饰要做到牙齿清洁、口腔无异味。初次见面前不要吃大蒜、葱等有刺激性气味的东西，即使吃了，一定要想办法尽快去除，如吃口香糖等。

此外，女性面部的化妆应适度，要分场合。在办公室要化淡妆，在舞会等社交场合可以稍浓一些，但不能太夸张。男性的胡须应剃干净，如果想突出个性，则要修剪整洁。

总之一句话：销售员修饰外表的原则是大方、自然、干净、整洁。

（3）握手时要适度用力。

心理学家曾通过调查研究表示：不管是男人还是女人，有力的握手都有助于形成良好的第一印象。在与客户握手时要适度用力，并且稍微持久一些，保证完全握住，握手的同时还要有眼神之间友好的交流，这样做可以让客户感觉到你很尊重他，对这次见面很重视，并且对双方的合作抱有很大的热情和期待。

# 牢记客户的姓名，让其感到被重视

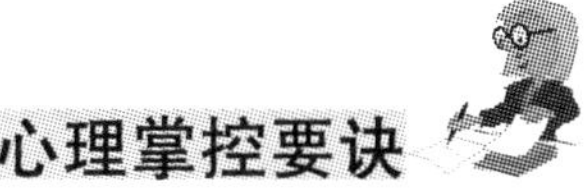

## 心理掌控要诀

我们的名字指向我们独特的个体，因此，每个人都会对自己的名字特别敏感。如果我们知道有些人对我们的名字感兴趣，并且能牢记我们的名字，我们就会在心理上产生一种被重视的感觉，我们自然会对这些人产生一种友好的态度。因此，要成为一个成功的销售人员，首先就要牢记每一个与你接触过的客户的名字，并在下次见面的时候正确地叫出他的名字，这会让你的销售工作能非常顺利地开展。

## 实战情景演练

杭州的张小姐因工作需要，再次到武汉出差，闲暇时到住所旁边的一家餐厅用餐。进入餐厅刚落座，就有一名领班拿着菜谱过来。

领班微笑地说："张小姐，您好，欢迎您再次光临！今天需不需要改换点其他的菜品呢？"

张小姐听后十分惊讶，说："你还记得我的名字？"

领班："当然，张小姐您曾经在我们餐厅用过几次餐，也算是老主顾了。"

张小姐此时脸上露出了欣喜的表情。因为几个月前出差时，也曾到这家餐厅吃过两次饭。没想到自己的名字就被领班记住了。

从那以后，张小姐只要出差必来这家餐厅，同时还介绍了很多自己的同事来这家餐厅就餐。

人的赞美和恭维。正如美国心理学家威廉·詹姆士所说的："人类本质里最殷切的需求是渴望被人肯定，最深远的驱动力是希望具有重要性。"我们的客户也不例外。

在销售中，销售员如果能够抓住客户的这种心理，让客户的自尊心和荣誉感得到满足，客户就会对我们产生亲切感，从而使彼此之间的心理距离缩短、靠近，接着就可以很容易地转入交谈和销售中。

## 实战情景演练

销售员小陈前去李经理的公司推销自己的产品。

小陈："李经理，您好，我是××公司的销售员小陈，请多多指教。"

李经理："请坐。"

小陈："谢谢。非常感谢您在百忙中抽出时间与我会面，我一定要把握住这么好的机会。"

李经理："不用客气，我也很高兴见到你。"

小陈："贵公司在李经理您的管理下，业务量遥遥领先其他同行，真是令人羡慕啊。我浏览过贵公司的网站，知道您非常重视网络营销，现在很多客户都从您的网上购买产品了。对于网络营销，您可是业内的榜样啊！"

李经理："呵呵，你过奖了。我们销售的产品是网络办公设备，我们的客户以高科技企业为主。随着网络的普及，这些客户都开始从网上来寻找自己需要的产品，我们建立自己网站的目的就是为了方便客户在网络上能及时地查询产品、了解产品的动向，以便提高我们的销售效率。"

小陈："李经理，您的理念确实反映出贵公司的经营特性，很有远见，我相信贵公司在销售方面已经做得非常成功了。如果我向您推荐一个网站推广的方案，这个方案可以使客户更容易发现您的产品和服务，使您的公司和产品具备更大的知名度，不知道您会不会喜欢呢？"

李经理：“网站推广方案?”

小陈：“是的。您在销售方面的经验和成绩深得业内人士的尊重，在我来之前，已经听到过不少关于您辉煌的销售业绩和卓越的管理能力的赞美之言。其实网站的目的不仅仅是为了让客户从网上查看产品功能和了解公司，更重要的是让客户能随时随地发现和登录到您的网站去查看他所需要的信息。如果没有适当的网站推广，客户怎样才能发现您有他所需要的产品呢?”

李经理沉吟片刻，然后说：“详细说说你的方案吧!”

最后，小陈成功地向李经理销售出了自己的网站推广方案。

## 典型案例解析

在这个案例中，小陈首先把能够与李经理见面说成是一次难得的机会，这样，让李经理感到自己是个重要人物，从而使他在一开始就从心理上接纳了小陈，愿意继续听他讲下去。接着，小陈进一步赞美了李经理的销售业绩、对网络营销的重视及经营理念的先进，钦佩他的能力与超前意识，这样，让李经理的虚荣心理得到了满足，从而对小陈有了更多的好感。最后，小陈再提出自己的网络推广方案能够给李经理带来更多的好处，引起他的兴趣，李经理也就不会本能地拒绝了。通过不断的赞美和适当的恭维，小陈打破了李经理的心理防线，让他愿意认真听自己的建议，这样就为接下来的推销打好了基础。

## 销售心理 360°全解

赞美客户，不但能让对方快乐，同时也会让销售员自己获得满足。若销售员不能为客户增加快乐，那么，也就不能为自己增加快乐。适当的赞美能让你和客户之间的谈话更加愉快，让你们的心理距离更加贴近，这样，成交也就变得容易多了。然而，赞美也是一门艺术，不正确的或者没有创意的赞美不仅不会博得客户的欢心，还会让你的谈判陷入僵局。所以，当销售员要想在赞美客户的时候做到得心应手，就应该掌握一些技巧。

（1）找准赞美的目标。

如果客户只是一个单独的个人，那么他个人的长相、衣着、举止谈吐、风度气质、才华成就、家庭环境、亲戚朋友等方面，都可以给予适当的赞美；如果你的客户是一个团体，那除了上述的赞美选项之外，企业名称、规模、服务态度、产品质量、经营业绩、发展速度等，也可以作为赞美对象。

另外，有一点一定要注意，销售员不论是赞美个人还是赞美集体，不论是赞美人物还是赞美事物，都应该选择最佳赞美目标。千万不可不择目标胡吹乱捧，这样就会弄巧成拙，导致销售失败。

（2）赞美要把握分寸。

很多时候，不合实际、夸大其词的赞美，不仅不会让客户感到愉悦，反而会使客户感到难堪，甚至会产生反作用，导致客户对推销员产生不良印象和抵触情绪。因此，推销人员赞美客户，一定要在诚心诚意的前提下把握好分寸。

对于年老的客户，应该多用间接、委婉的赞美语言；对于年轻的客户，则可以用比较直接、热情的赞美语言。

面对严肃的、不苟言笑型的客户，赞语应该朴实自然，点到为止；对于爱慕虚荣型的客户，则可以尽量多说些赞美的话语。

（3）赞美并非万金油。

有些客户不愿意与销售员进行过多的交谈，更不愿意被销售员评头论足、乱下结论，尤其不喜欢销售员谈论自己的个人或家庭私事，认为销售员的赞美只不过是一种愚弄客户的虚伪手段而已，所以对这种赞美不以为然，甚至十分反感。因此，销售员一定要特别注意这一点。

# 做客户的知心朋友，赢得客户信任

## 心理掌控要诀

“朋友”，是世界上最温暖的一个词汇。俗话说，多个朋友多条路，朋友多了路好走。由此可见朋友的重要性。曾经有位销售大师说过：“做业务的最高境界就是成为客户的知心朋友。”所以，销售员在和客户交往的过程中，也是可以产生友谊的。销售员要想把业务做精，要想深得客户的信赖，就不能总是想着要挣客户多少钱，要卖给客户多少东西，而是要想办法成为他们的知心朋友，这样再做生意，就顺理成章了，而且还能建立一种长期稳固的合作关系，对双方都是有利的。

## 实战情景演练

在装修奢华的汽车销售大厅里，吉拉德热情地向进来看车的顾客詹姆斯说：“哎哟我的天哪，詹姆斯，您最近躲到哪里去了啊？好久没有见到您了。”

詹姆斯有些诧异又有些惊讶地答道：“嗯，我刚刚才想起来买你的车。”

吉拉德：“您这说的什么话啊，我们是朋友，难道您不买车就不能来看看我吗？难道您不愿意和我做朋友了么？”

詹姆斯：“是的，你说得对，我们是朋友，呵呵。不买车我也能来看看你。”

后来，詹姆斯经常到吉拉德的销售大厅里玩，并且还介绍来了很多自己的同事前来买车。

## 典型案例解析

乔·吉拉德之所以能成为销售教父，秘诀就在于他会想办法拉近与客户之间的距离，让他们感到自己的友好并信任自己，然后把他们变成自己的朋友，再借助朋友的亲密关系，为自己的销售业绩添砖加瓦。

## 销售心理 360°全解

销售是一种特殊性质的社交活动，在销售中，建立人际关系是非常重要的。生意人常说“买卖不成仁义在”，其实这也是为了维护人际关系。任何一个销售高手都懂得和客户做知心朋友的重要性，他们深知只有先和客户成为朋友，才能赢得客户的信任，客户才会购买自己的产品。那么，如何才能和客户成为知心朋友呢？这就需要销售员做到以下几点。

（1）不为难客户。

销售员在和客户谈判时，如果客户有为难之处，一定要体谅客户，也不要让他为难。如果销售员这样做了，就算这次的销售可能没有成功，但销售员的善解人意会让客户对其心怀歉意，甚至内疚，他们一定会在下次合作中对销售员做出补偿。同时，销售员也不会因为强人所难而丧失今后与这位客户的合作机会。

（2）替客户着想。

我们与客户合作一定要追求双赢。所以，我们在合作时就要注意，不要把对客户没有用的东西卖给他，也不要让客户花冤枉钱，应尽量减少客户不必要的开支。当你让客户获得真正的满足的时候，客户也会为你带来一定的回报。

（3）尊重客户。

在和客户合作时，一定要向他们显示出我们的感激之情。如果在合作过程中客户出现失误甚至过错，我们一定要表示出自己的宽容，而不是责备，并立即和他们共同研究解决问题的办法，找出补救的方案。这样，你的客户会从心底里感激你，并期待和你下一次的合作。

（4）信守原则。

只有信守原则的销售员才会赢得客户的尊重和信任，客户才有理由相信你，才能放心与你做朋友。比如，适当地增加某些服务和培训是可以接受的，但损害公司、其他客户甚至别人利益的要求绝不能答应。因为当你在客户面前损害公司或别人的利益时，客户会认为你是个没有原则的人，和你交朋友缺乏安全感。

（5）做些销售之外的事情。

要想赢得客户的真心，让他们自愿和你交朋友，销售员就要在合作范围外为客户多做一些力所能及的事情。比如，有个客户想让自己的孩子参加一个教学质量比较高的游泳培训，而销售员正好认识游泳教练，就可以为客户引荐。时间一久，销售员与客户的合作关系就自然会转变成朋友关系，因为你让他们觉得值得信赖，以后一旦有什么合作机会，他们一定会先想到你。

（6）给每笔生意都来个漂亮的收尾。

当你与客户的合作告一段落时，并不意味着合作的终结。事实上，这次合作结束的时候正是下一次合作的开始。此时，千万别忘了送给客户一些合适的小礼品，如果销售效益确实不错，最好还能给客户一点意外的实惠。让每笔生意都有个漂亮的收尾带给你的效益不亚于你重新开发一个新的客户。因为客户会从你这种不求回报的做法中感受到你的真诚，从而愿意把你当成朋友交往。

# 永远把客户的利益放在首位

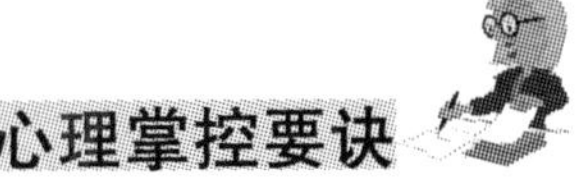

## 心理掌控要诀

在销售的整个过程中，如果销售员能始终坚持“以客户利益为先，追求利润次之”的原则，那么将会获得意想不到的收获。因为当销售员不是抱着做“一锤子买卖”的想法，而是设身处地地替客户着想，把客户所面临的问题当做自己的问题来解决时，无疑将会获得客户的信任和赏识，与客户之间的关系也就会更加稳固，合作也会更加长久。

## 实战情景演练

张强是一个常常把客户利益放在首位的销售员。

一天，有个外地客户给张强发了一封电子邮件，里面写着他想购买的机型的有关材料，并约定下午来看货。张强在仔细查看了材料后，发现了这份材料中存在很多问题，经过再三考虑，他决定给客户打电话说明情况。

张强：“牛总，您好！我是大运机械公司的小张，我们上午约好的。”

客户：“嗯，小张你好。我发给你的材料你都看了吧？我要的机型有货吗？”

张强：“有是有，不过，我在看了您的材料后，觉得您报的机型与您实际需求的配置有些不符。当然，按照这样的配置使用起来是没有任何问题的，不过我觉得您的配置有点过高，机器数量和机型容量其实都可以减少一些，这样您投入的资金也会降低不少，同时也不影响使用效果。”

客户：“哦，是吗？这份资料是我的几个工程师测算出来的，应该不会有问题吧。”客户似乎有些惊奇。

张强：“要不这样吧，我和公司的技术人员再按照您的配置做一份资料给您看看，您比较一下看哪个更好，更划算。”

挂掉电话后，张强便和公司的工程师一起做了份详细的技术说明和可行性报告发到了客户的邮箱里。

两天后，客户来电。

客户：“其实我在这之前给很多公司打过电话，只有你处处为我们着想，以客户利益为先，这让我很感动。我明天就过去和你签订购买合同。并且，董事会已经决定把你们定为我们公司的长期供货商！”

## 典型案例解析

案例中的张强始终坚持以客户的利益为先，并以自己的实际行动感动了客户，同时，也为自己争取到了长期供货的机会。可见，做业务的最高境界就是以客户利益为先。当你为客户着想时，客户也不会让你失望！

## 销售心理360°全解

销售员若能以客户利益为先，悉心地为其提供周到的服务和帮助，真心地替他们解决问题和困难，客户自然会意识到销售员是在真心帮助他，并非只是想从他口袋里掏钱，从而打消对销售员的抵触情绪。然而，销售员要想真正做到以客户利益为先，还必须要做到以下几点。

（1）正确认识商场名言。

“以盈利为唯一目标”，这是很多商家一直奉行的名言。虽然不少商家也因此获得了短期利润，但是，客户都不是傻子，当他们的利益受到损害时，他们自然会对商家的诚信度产生怀疑和抵触情绪，这种消极情绪将会导致客户开始拒绝商家的产品，并质疑销售员的动机，对销售员产生戒备心理，销售员的生意也就越来越不好做。生意不好做，销量上不去，企业经营就会出现问题……由此产生一系列恶性循环，这就是牺牲客户利益的恶果，也是一种短视的行为。

（2）“上帝”在心里，不在嘴上。

实际销售过程中，有很多销售员都不认同应以客户利益为先的观点，或者即使认同，但也没有认真地去执行。他们的做法无异于经常把“上帝”挂在嘴上，却没有放在心里和实际行动中。只有真正维护客户利益的销售员，才能提升自己的销售业绩。

（3）与客户站在同一条战线。

销售是双赢的，你只有先为客户省钱，客户才会让你赚钱。因此，当你向客户推销产品时，不能把自己和客户放在对立的位置上，而是应该让自己和客户站在同一条战线上，与客户并肩作战。这时候，你的目标不再是如何卖出你的产品，而是如何让客户花最少的钱买最优质的产品。一旦开始这样做，你就会发现身边的客户越聚越多，你们合作的氛围也越来越和谐，更让人意外的是你还轻松地提高了自己的业绩。

## 学会站在客户的立场上思考问题

### 心理掌控要诀

对于喜欢钓鱼的人来说，他们觉得最重要的东西就是鱼饵。鱼饵，顾名思义，引诱鱼儿上钩的食物。所以，要想钓到鱼，并且是一条大鱼，就应该站在鱼的角度来思考问题，要考虑清楚鱼喜欢吃什么，不喜欢吃什么，这样鱼才会上钩。同理，作为一名销售人员，如果希望“钓”到客户，并且“钓”到大客户，就应该站在客户的角度来思考问题，这样客户的心里才会有你，才会在购买产品的时候第一个想到你。

## 实战情景演练

有一对中年夫妇在一个百货商场闲逛，来到某裤子专柜前的时候，丈夫好像是睹物思物，便随口对妻子说：“你看，上次女儿给我买的那条裤子到现在也没有穿过，我也不喜欢那款式，一直就在那放着，真是浪费啊。”妻子也感叹着说道：“是啊，你的裤子那么多，也穿不过来，不过现在时间太长了，也没法退了，就先放那吧。”

他们的谈话被在一旁负责接待他们的销售员小芳听到了。小芳笑着对他们说：“没事，如果你们不喜欢的话，就拿来退了吧，放着不穿太可惜了。”

夫妻俩一听，惊讶地看着这个有点瘦弱，但是非常大方漂亮的销售员，用一种不可置信的语气问道：“你说的是真的吗?”

小芳：“当然是真的，你们明天就可以把它拿来退了。”

妻子：“我刚才还以为听错了呢，那你给我退了，不影响你卖货吗?”

小芳：“会有点儿影响，但没有关系，您那裤子好几百元呢，退了可以买喜欢的东西。拿来吧，我给您退了。”

就这样，夫妻俩非常高兴地把裤子拿来退掉了，对于小芳的服务他们非常感动，不停地说着谢谢。丈夫最后还说了一句，如果所有的销售人员都像你一样就好了。

没过几天，这对夫妇又来到了小芳的柜台前，一下子买了三件皮衣。

小芳笑着问：“你们怎么一下子买这么多皮衣呀?”

丈夫说：“因为你心眼好，知道我们的想法，服务态度好，所以我们今天就给你捧捧场，给你增加一下销售量。”

## 典型案例解析

小芳站在客户的立场上思考，真诚地对待客户，因此赢得了客户的芳心，所以轻而易举地卖出了三件皮衣。故事中丈夫的那句话就是最好的证明：如果所有的销售人员都像你一样就好了。这说明此时客户已经非常喜欢小芳的服务态度，将来一定会给她捧场的。

## 销售心理 360°全解

销售员能为客户着想，就会在客户心里留下深刻的印象，从而成为回头客。当然，为顾客着想，可能会失去一些眼前的利益，但是，销售员要知道，你现在失去的利益，其实是一种投资，因为你将来得到的回报将会远远大于你现在所失去的。

当一个销售员学会了不计较个人利益的得失，能够站在客户的角度，真正地为客户着想，用自己的真诚，得到客户的认可，最后也就会得到意想不到的收获。

但是，现实却令人感到非常遗憾。在实际的销售过程中，很多销售人员根本就做不到这一点。在他们的脑海里只有一种想法：我们公司的产品非常非常好，因为这种产品非常非常好，所以客户您应该买，却从来没有考虑过这样一个问题——“客户为什么要购买我们所销售的产品，客户购买产品的真正原因到底是什么?”这也是导致很多销售员销售失败的重要原因所在。

因此，销售员在销售过程中，不要总想着从顾客身上取得利益，而是要更多地从自身出发，反向分析客户的内心想法。只有站在客户的立场上思考问题，想客户之所想，急客户之所急，客户才会看到你的真诚，才会对你的服务感到满意，才会成为你的忠实主顾。

# 微笑可以带来订单

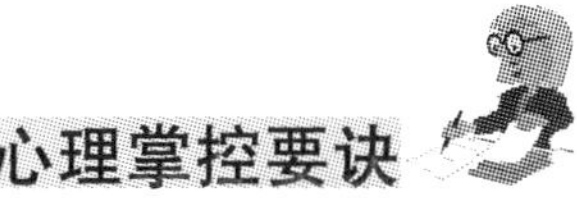

## 心理掌控要诀

美国著名成功学家戴尔·卡耐基说："笑容能照亮所有看到它的人，像穿过乌云的太阳，带给人们温暖。"可以说，微笑是世界上最美的行为语言，它虽然无声，却最能打动人，最能拉近人们之间的心理距离。

同理，客户在购买产品时，都想与一个面带微笑、具有亲和力的销售员来交谈，没有谁愿意对着一副冷冰冰的面孔。所以销售员一定要学会换位思考，将自己最美丽的微笑展现给客户。这样不仅可以使自己与客户之间的距离一下子缩短，而且容易使客户产生信任感，从而为推销成功打下基础。

## 实战情景演练

底特律的哥堡大厅曾经举办过一次盛大的汽艇展览会。在展会期间，一家汽艇厂失去了一份巨大的生意订单，而第二家汽艇厂虽然实力并不雄厚，但却用微笑轻易地拿下了这笔生意。

一位来自中东某一产油国的超级富豪，站在一艘大船上的展览室里对他面前的销售员说："你好，我想买一艘汽船。"这位销售员很高兴，他非常周到细致地接待了富豪。唯一美中不足的是，在他接待的全程中，他的脸上没有出现过一丝笑容。

这位富翁看着这位推销员那张没有笑容的脸，内心非常不高兴，沉默地走开了。

当他来到另一家展览室时，他受到了一个年轻销售员的热情招待。这位推销员始终微笑着，那微笑像太阳一样温暖，这使富翁有宾至如归的感觉。于是他很开心地说："你好，我想买艘汽船。"

"没问题！"这位推销员微笑着说，"我会为您详细介绍我们的产品。"

在销售员笑容的感染下，这位富豪最终决定购买汽船，并且当场刷卡付钱。在富豪离开的时候，他对这位销售员说："我喜欢看到人们都有一种非常喜欢我的样子，现在你已经用微笑向我表示出来了。这次展览会上，你让我感受到了我是受欢迎的人，谢谢你。"

## 典型案例解析

微笑之所以动人，之所以令人愉快，不仅是因为它在外观上给人以美感，而且它还传递、表达了可喜的信息和美好的感情，给人带来精神上的愉快和满足。显然，第一个销售员并不懂得这个道理。而第二个销售员之所以成功，是因为他懂得微笑是推销成功的助推器。很多时候，我们的客户并不挑剔，只要一个简单的微笑就可以让他们的内心获得满足。所以销售员们千万不要吝啬自己的微笑，要学会用微笑把客户留住。

## 销售心理 360°全解

美国作家 F. H. 曼狄诺曾经说：微笑可以带来黄金。对此，世界上著名的希尔顿饭店的创始人康拉德·希尔顿非常赞同，他说："如果我的旅馆只有一流的设备，而没有一流的服务生的微笑的话，那就像一家永远见不到温暖阳光的旅馆，又有何情趣而言呢?"由此可见，微笑是销售员制胜的重要法宝之一。销售员只有用真诚的微笑与客户交流，缓和客户的戒备情绪，软化客户的敌对态度，才能从客户手中获得订单。所以，销售员一定要注意下面几个关于微笑的知识。

（1）微笑要与“眼睛”紧密配合。

销售员的眼睛要随着面部表情一起微笑，否则，会给人一种“皮笑肉不笑”的虚假感觉。只有学会用眼神与客户交流，你的微笑才会更传神、更亲切、更吸引人。

（2）微笑要与“语言”搭配得当。

微笑着说“您好”“抱歉”“对不起”“打扰了”等礼貌用语，不要只说不笑，或只笑不说。如果只说不笑，那么别人就感受不到你的真诚；如果只笑不说，对方无法确知你要向他传达的意思。

（3）微笑要与“身体”步调一致。

在微笑的同时，销售员要灵活地运用肢体语言，这样会形成良好互动，给顾客以最佳的印象。例如，销售员在介绍产品时，如果只有微笑和话语，没有肢体动作的配合，那么顾客对产品就会缺少很多热情，这样会大大降低销售成功的可能性。

另外，销售员在面对不同的客户时，还需要运用不同的微笑。比如，面对热情的客户，要阳光的笑；面对沉稳的客户，要浅浅的笑；面对机敏的客户，要狡黠的笑……

## 用幽默拉近与客户的心理距离

### 心理掌控要诀

人们大多喜欢同具有幽默感的人交往，因为他们能给人带来一种心灵上的愉悦和轻松。心理学家也认为：幽默是一种最富感染力、最具有

①幽默要适度。在推销中，适当讲一些小笑话，能迅速消除客户对你的敌意，促使推销成功。但千万不要过度，否则，一旦掌握不好分寸，很有可能会给客户留下轻浮、不可靠的印象。

②要注意幽默的内容。可以对一些紧急出现的尴尬场面进行调侃幽默，但不要拿客户的一些私人问题或隐私进行说笑，以免引起对方的不快和反感，使客户觉得你不懂得尊重人。在运用幽默时，为了避免引起误解，一定要做到言语简明扼要。

③幽默要区分客户。在你打算运用幽默时，最好先分析一下你的客户是否喜欢幽默。譬如，当你与一些银行家打交道的时候，你明知道他不苟言笑，喜欢直截了当，你却偏要故作幽默，这样就会让客户反感了。

④语言配上肢体动作更幽默。除了语言之外，人的表情和动作，比如一个善意的鬼脸、一个令人捧腹的动作都可以构成幽默。所以，如果你想让幽默的效果更加突出，就可以在语言和肢体动作的互相配合下进行。

# 第四章

## 沟通高于一切：怎样听客户才肯说，如何说客户才会听

销售的过程其实就是沟通的过程。销售员在和客户沟通的过程中，如何听客户才肯说，如何说客户才会听，这对销售员来说是一个必须思考的问题。所以，销售员要想取得理想的销售业绩，就必须掌握一定的沟通技巧。

# 精彩的开场白瞬间赢得顾客好感

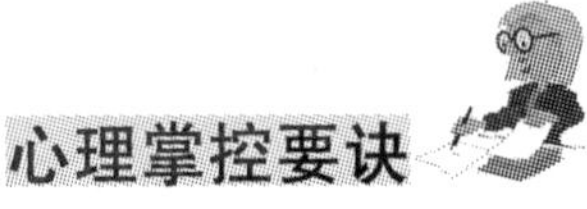


据销售行业的专家表示：洽谈中的客户在刚开始的几秒钟所接收的刺激信号，一般比以后十分钟里所感受到的要深刻得多。因此，销售人员在洽谈开始时就要抓住客户的注意力，最简单的办法就是去掉华而不实的言辞和一些多余的寒暄，让开场白尽量简单明了。一个精彩的“开场白”能把顾客瞬间带入到购物天堂中来，也能打消顾客顾虑，缩短与顾客的距离，获得顾客好感，赢得顾客信任。所以，一次销售谈判的成败在很大程度上取决于开场白的好坏。

## 实战情景演练

一个秋日的午后，杰克到一家铜器厂去推销一套铜矿冶炼设备。看到铜器厂的总经理后，杰克并没有寒暄很多客套话，而是直接称赞道：“经理先生，您知道您的姓名在勃罗克林是独一无二的吗?”

总经理诧异地问：“不知道啊，这是什么意思呢?”

杰克说：“我今天早晨在电话簿里查找您的名字的时候，发现整个勃罗克林只有您一个人叫这个名字。”

总经理惊讶地说：“是吗？这我还真不知道。说起我的名字，的确有点不一般，因为我的祖先是两百多年前从澳大利亚移民到这里的。”

随后，总经理便饶有兴致地谈起了他的家庭和祖先。待总经理说完，杰克又夸奖起他的工厂：“真想像不到您拥有这么大的铜器厂，而且我还真没见过这么干净的铜器厂。”

总经理听了杰克的夸奖后非常高兴，他自豪地说：“这个工厂花费了我毕生的精力，我为它感到骄傲。”总经理高兴地说完，便热情地邀请杰克参观他的工厂。

开场白结束后，杰克便开始推销自己的产品，并最终获得了令人满意的结果。在谈判到了尾声时，总经理对杰克说：“没想到我们的交往会这样令人愉快，你可以带着我的承诺回去，今后我们新的铜矿冶炼设备将全部从你们公司采购。”

## 典型案例解析

杰克知道一段精彩的开场白是销售成功的关键，它是吸引客户注意力的非常重要的因素，所以他在和客户刚见面时，便运用精彩的开场白博得了客户的好感，这为他的推销成功打下了坚实的基础。

## 销售心理 360°全解

精彩的开场白十分重要，它就如同一本书的名字，只有恰当、新颖、引人深思，才能够引起人们的好奇心，激发人们的兴趣，使人产生一探究竟的欲望。因此，有人说，销售员的第一句话往往是能否实现销售成功的关键。销售员只要能在第一时间把客户吸引过来，那么，接下来的谈话就会顺利很多。所以，要想成为一名成功的销售员，就要学会运用下面几种开场白。

（1）利益开场白。

没有人对钱不感兴趣，因此关于省钱和赚钱的话题很容易引起客户的兴趣，所以销售员可以一开始就将自己能给客户带来的利益说出来，例如：“赵经理，我是来告诉您能让贵公司节省一半水费的方法的。”“陈厂长，您想每年在雨伞生产上节约5万元吗?”“王厂长，我们的机器比你们目前的机器速度快、耗电少、更精确，能降低生产成本。”等等。这样，客户感受到销售员接下来的推销和自己的利益息息相关，他们便会感兴趣很多。

（2）赞美开场白。

没有人不喜欢听到别人赞美自己，因此，赞美类的开场白就成为接近客户的一个好方法。比如我们可以这样说：“王总，您这房子的客厅设计得真是别有韵味。”“恭喜您啊，李总，我刚在电视上看到您的消息，祝贺您当选十大杰出企业家。”等等。

（3）悬念式开场白。

好奇心是人类行为的基本动机之一，所以销售员可以利用能够引起人们好奇心的悬念式开场白来引起客户的注意。比如：“李总，您知道世界上最懒的东西是什么吗?”客户感到很好奇，这位销售员继续说，“就是您藏起来不用的钱，您本来可以用它们来购买我们的保险，给您的未来提供一个保障。”销售员首先通过制造设问，引起对方的好奇，然后，在解答疑问时，再巧妙地把产品介绍给客户，这样对销售无疑会非常有利。

（4）转介绍开场白。

销售员见到客户时，可以直接告诉他，是他们的亲友介绍来的。因为大多数人对亲友介绍来的销售员都很客气。但是，销售员在使用这种方法时一定要真实，要确有其人其事，绝不可自己杜撰，要不然，客户一旦查对起来，就要露出马脚了。同时，为了取信客户，销售员若能出示引荐人的名片或介绍信，效果更佳。

（5）提供案例开场白。

人都有一种模仿心理，所以人们的购买行为也常常会受到其他人的影响，销售员若能把握客户的这种心理，好好地利用，尤其是以著名的公司或客户为例，一定会收到很好的效果。比如：“李厂长，××公司的郭总采纳了我们的建议后，公司的营业状况大有起色。”

（6）求教开场白。

销售员也可以利用向客户请教问题的方法来引起客户注意，比如，销售员可以有意找一些不懂的问题，或懂装不懂地向客户请教。一般客户是不会拒绝虚心讨教的销售员的。我们可以这样说："王总，在计算机方面您可是专家。这是我公司研制的新型电脑，想请您指教一下，在设计方面还存在哪些问题?"受到这番抬举，对方就会接过电脑资料信手翻翻，一旦被电脑先进的技术性能所吸引，销售便会大功告成。

（7）提问开场白。

销售员可以通过直接向客户提出问题这一开场方式来引起客户的注意和兴趣。如："张厂长，您认为影响贵厂产品质量的主要因素是什么?"产品质量自然是厂长最关心的问题之一，销售员这么一问，无疑将引导对方逐步进入面谈。但需要注意的是，销售员所提的问题，必须是对方最关心的问题或者是最有把握回答的问题，否则，很难引起客户的注意。

## 用心倾听，赢得客户的信任

倾听和提问一样，都属于有效沟通的必要部分。倾听作为一门艺术，它在销售领域中发挥的作用是不可忽视的。一个合格的销售员，不仅要善于运用推销的语言，还要学会倾听。因为倾听不仅是对客户的一种尊重，还是销售中至关重要的策略。因为销售不仅仅只是销售人员自我的讲述，也需要客户来表述看法。有时候，用心倾听客户的话，对客户的谈话表现出极大的兴趣，客户就会因此而愿意与销售员进行交流，当沟通不再是问题，客户就会对销售员产生信任，接下来的一切都会迎刃而解。

## 实战情景演练

丽丽是一个出色的保险推销员，即使遇到再难对付的客户，只要到她手里，她都能通过自己的努力搞定。当同事问起她成功的秘诀是什么时，她的回答只有两个字：倾听。

一次，她去拜访一位客户，按响门铃以后，等了很长时间，客户才打开门，问她是做什么的。丽丽刚表明身份，客户就非常气愤地说："又来骗人，离我远点吧，我讨厌你们这些卖保险的！"说完之后，客户就狠狠地关上了门。

这样的情况虽然让丽丽很意外，但她很快就冷静下来，心想客户可能是被不讲信用的保险推销员欺骗过，因此对保险公司失去了信心。于是，她再次按响了门铃。

客户开门发现还是她，便要发作。而丽丽抢在他面前说："何先生，首先我为我假冒的'同行'对您造成的伤害表示深深的歉意，我愿意倾听您的不满和责骂。"何先生一看此情景，心里的怒气当下就消了很多。经过丽丽的再三请求，他同意让丽丽进屋谈话。

丽丽说："我想您一定对我们保险推销员有很多的误解和抱怨吧，今天，我在这里洗耳恭听，你有什么不满尽管说出来吧。"

这一句话勾起了何先生无限的感慨，于是他向丽丽讲述了自己被骗的经过。

在倾听过程中，丽丽不时地对何先生的遭遇表示同情，认同他的想法，并且表情严肃，对那些假冒的保险推销员表现出非常愤怒和不满的样子，这使得何先生感觉到丽丽和自己是同一立场上的人。

由于丽丽在倾听的过程中非常用心，所以她发现何先生并不是不想买保险，只是在那次被骗之后，已经不愿再相信别人了。于是，丽丽抓住这一点，用所有有效的证据来说明自己是正规保险公司的销售人员，她的产品和服务是绝对有保障的，最后何先生相信了她，并当场放心地签下了保单。

## 典型案例解析

案例中的丽丽用倾听的方式，故意对客户的话要表现出极大的兴趣，增加客户的心理认同感，使客户对自己消除了戒备心理和反感情绪，最终成功地卖出了保险。

## 销售心理 360°全解

通常情况下，仅有销售人员自己在那夸夸其谈，而客户参与不进来，那么销售是很难成功的。相反，如果有客户愿意对一件产品或相关事情表述自己的观点，其实这在很大程度上已表明了客户有购买相关产品的意愿，而此时，销售人员唯一应该做的，就是用心倾听。用“倾听”这种“无声的推销术”，让客户感受到你的真诚和热情。那么，如何倾听才是最有效的倾听，才能赢得顾客的信任呢？

（1）用你的眼睛倾听。

在和客户交谈的过程中，一定要用你的眼睛注视着客户，积极捕捉客户的反应。当客户在阐发自己的意见和观点时，你要通过眼神或其他形体语言让对方感觉到你在认真倾听。比如，你可以适当地缩小你和客户之间的距离，这会让客户感觉你不想漏掉他说的每一个字。

（2）会心地倾听。

销售员在听客户讲述时，不能只是被动地接受信息，还应该主动地予以附和，做出会心的呼应。在客户说话时，我们应该表情自然、神情专注。当客户讲到要点时，我们要适时地表示赞同或理解，比如有意识地重复某句我们认为很重要的话，让客户感到我们在专心听他讲话。

（3）耐心地倾听。

正常人的说话速度一般是每分钟120～180个字，而大脑思维的速度却是说话速度的4～5倍。所以，可能对方还没说完，我们早就理解了他的意思，尽管如此，我们也不能打断客户。如果对方谈兴正浓，出于对客户的尊重，我们更应该保持耐心，认真地听完，不要让客户感觉受到了怠慢。

（4）倾听时要做好记录。

在倾听过程中，有的客户讲的内容比较多，并且这些内容还包含了很多重点，对于这些重点，销售员一定要做好笔记。比如与需求有关的一些重要信息，一些重要的电话号码、联系地址，客户提到的一些特殊词汇，等等。做记录不仅能表明销售员的认真态度，而且还能为双方进一步的交流积累更加详实的信息。

## 把客户的注意力转移到产品上来

销售员在和客户进行交流或者谈判的时候都是有目标的，那就是将自己的产品成功地卖给客户。因此，销售员的话题最好集中在所推销的产品上。因为如果你的话题脱离了产品本身，那么说再多的话都等于是在做无用功。所以，销售员在推销产品的过程中一定要思路清晰明确，善于对客户进行积极的引导，把他们的注意力转移到自己的产品上来。只有这样，才能达到卖出产品的目的。

小张是一家食品公司的销售员。虽然他对工作兢兢业业，但业绩却

总是差强人意。内心困惑的他不得不向一位同事请教。同事经过一段时间的观察，发现小张虽然工作很努力，但他却有个致命的缺点，那就是不懂得把客户的注意力吸引到自己销售的产品上来。在经过一番指导后，小张决定按同事所教的方法去推销。

很快，机会就来了，公司派遣小张去一家大型超市推销一批速冻饺子。此时，正是烈日炎炎的夏季，加之竞争对手又很多，所以推销工作有着一定的难度。但是小张并没有灰心，而是决心去试一试。

第二天下午2点，小张走进了这家超市，因为此时的顾客最少，超市负责人也有时间和自己交谈。小张来到超市货架旁，非常仔细地查看着每一件商品。超市的销售主管对小张的举动感到很好奇，就问小张在做什么。

小张得知此人就是超市的销售主管后，高兴地说："没什么，这是我的职业病。"

销售主管："职业病，你的职业是什么？"

小张："我跟您一样，也是个销售员，在一家信誉很好的食品公司做销售。"

销售主管："真的吗，你看看我们超市还缺什么呢？"

小张认真地说："我都看了，我发现您的超市没有我们公司的速冻水饺，而我们这种水饺在市场上很受欢迎，您要是能在超市里销售这种水饺，您的生意一定会更好！"

小张的话引起了销售主管的兴趣，两个人热情地攀谈起来，最终小张成功地把自己公司的速冻水饺卖给了该超市。

## 典型案例解析

小张巧妙地用仔细查看每件商品这种特殊的方式引起了销售主管的注意，然后通过两人都是销售员这一共同身份拉近了与客户之间的心理距离，并成功地把客户的注意力转移到了自己的水饺上来，这样做既不显得唐突，又达到了自己的目的。

## 销售心理360°全解

一个成功的销售员，一定要学会通过有技巧的发问和谈话，来吸引和集中客户的注意力，让他们的注意力尽快转移到自己的产品上来。销售员只有让客户对自己销售的产品发生兴趣，客户才会对产品产生一种购买欲望，销售员才能进一步进行销售。那么，如何才能更好地把客户的注意力转移到产品上来呢?

（1）把产品与客户关心的问题结合在一起。

如客户的孩子正读初三，销售员就可以就“中考”这一话题和客户谈起。销售员对中考的关注，体现了自己对客户以及客户家庭的关心，并让客户在交流的过程中也排遣了内心的压抑和苦闷，这样一来就可以和客户在情感上产生一种共鸣，让客户对自己不再存有戒心。此时，销售员再趁机将话题转移过来，就会很容易获得客户的认可。

（2）用数据来吸引客户的注意力。

数据往往是充满力量的，它可以有力地证明一件产品的优劣。销售员可以把一些具体的数字列举给客户，这样的话题总会吸引客户的注意力，使客户对产品产生兴趣。如“通过增加这个设备，可以使贵公司的效率提高50%”“贵企业现在的产品损伤率比较高，有一种方法能使您的损伤率降低40%”等。

（3）提一提他的竞争对手。

每个人都不希望被自己的竞争对手打败，因此，在提及他的竞争对手时，客户难免会产生紧张的情绪，这时候销售员就要抓住时机安慰客户一下。同时销售员不要忘记带上自己的产品，把产品介绍给他，帮助他分析这些产品在他打败竞争对手上能给他带来的好处，这样客户必然会很感兴趣。

（4）提供具有时效性的信息。

人们往往会对具有时效性的东西产生一种紧迫感，如果你能恰当地向他表达出这种时效性，他的潜意识就会把自己的注意力集中在产品身上，并促使自己尽快购买。如销售员可以说："我觉得这个活动能帮助您解决生活上的一些烦心事，如果您想参与，请尽快了解一下活动的内容，因为活动只持续三天……"此时，客户的注意力就会完全集中在该产品上。

## 给客户抱怨的机会

销售员在销售领域中几乎每天都会碰到客户的抱怨。一般来讲，客户的抱怨主要是对商品的质量、性能以及服务品质不满意的一种表现。有经验的销售员会给客户抱怨的机会，然后从客户的抱怨中发现客户的内心所想和有价值的信息，并且会把客户的抱怨当成改进销售计划的情报，当成服务的指针和提示，当成客户想重建信赖感的欲求，当成提高自己销售水平的关键因素。

小李是一家电脑软件公司的销售员，她几乎天天都会遇到一些喜欢抱怨的客户。但是，当客户抱怨时，她总是静静地听着，给客户抱怨的机会，然后在客户的抱怨中发现有价值的信息，并对症施药。

一次，一位女士来店里选购电脑，小李热情周到地接待了她。最后在小李的推荐下，客户相中了一款显示屏为白色的电脑。接着两人开始商谈价钱，经过一番讨价还价后，最终谈好了价位。

可就在要付钱的时候，客户的态度却改变了，她开始不停地抱怨，说是电脑存在质量问题，指着电脑寻找毛病。小李觉得很纳闷，这位客户的态度转变得也太快了，她的抱怨之后一定隐藏着什么秘密。于是，小李就一言不发地微笑着看着客户，静静聆听她的抱怨。最后，小李从抱怨声中推敲出这位客户带的钱好像不够。

于是，小李说道："您别生气，有问题咱们慢慢解决，您要是对这台不满意，我再向厂家换换货，您改天再过来拿。"

客户听小李这么说，找到了台阶下，于是就说："那我下回再过来买吧！"

结果第二天上午，那位女士就把那台电脑买走了，顺便还多买了几件其他的电脑装饰品。

## 典型案例解析

虽然电脑不存在质量问题，但小李还是给了客户抱怨的机会。结果，她从客户的抱怨中发现客户是因为钱没有带够，聪明的小李没有挑明客户的意图惹恼客户，而是安慰客户，巧妙地给客户找了一个台阶下，最终成功地卖掉了电脑。

## 销售心理 360°全解

客户的抱怨对销售员来说未必不是一件好事，它不仅能让销售员发现自己在销售过程中存在的不足并加以改正，还可以帮助销售员发现客户的真实心理并及时改变自己的销售策略。因此，销售员应该给客户抱怨的机会，并把这种抱怨当成一个可以提高自己销售业绩的机会。当然，销售员要想在客户的抱怨中提高自己的业绩，就要先弄清楚客户为什么会抱怨。

（1）对产品的质量吹毛求疵。

有些客户对销售员不停地抱怨产品的质量问题，其实并非真的是因为质量存在问题，只是由于他对产品的价格无法接受，所以就以这个理由来作掩饰。此时，销售员要善于从他的抱怨中发现他真正的忧虑所在，及时解除他的忧虑，适当地给他降价或者推荐他选择另一类型的产品，用自己的行动来化解他的抱怨。

（2）对销售员怨声载道。

有些客户喜欢在说话态度、言语上对销售员百般刁难，其实内心已经同意购买此类产品了，只是出于某些原因，例如，身上没带钱，当前不方便购买，为了维护自己的面子，等等。遇到这种情况，销售员就需要从客户的抱怨声中及时获取准确信息，巧妙地挖掘客户的真实意图，给客户留足面子，如推迟交易时间，先付一部分定金等。

（3）对售后服务百般挑剔。

有些客户在购买了产品后，由于得知自己在购买时没有得到与其他客户相同的优惠或待遇，于是就把矛头指向产品的售后服务方面，故意对售后服务百般挑剔。面对此类客户，销售员就要表现得大度一些，认真细致地给客户解释，或者给予客户一些额外的补偿等。

## 用暗示的语言说服顾客

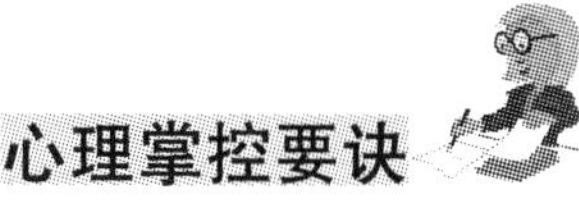


在许多情况下，我们都可以感受到暗示语言的神奇力量，比如，广

告语对我们的暗示作用。有时，我们可能记不住这个广告的影像，但却会对一些经常听到的广告语记忆深刻，从而对该产品产生极大的注意，其实这些注意是一种无意识的行为，是语言暗示的结果。暗示语言的神奇力量在于，它是通过给人施加一定的激励，来增加人心灵的力量，唤起人们潜在的欲望。所以，销售员也可以借助暗示语言的作用，让这些语言不经意间在客户的心中产生影响力，在客户的潜意识中留下印记，从而使说服的效果更为显著。

## 实战情景演练

保险推销员李浩向一位公司经理推销保险，但推销了多次都没有成功。有一次，李浩在街上闲逛，看到有两个小孩在给人擦鞋挣钱，于是心生一计，当即就带了一个擦鞋小孩去见那位经理。

李浩：“张经理，这是我最后一次和您见面了，打扰您这么多天，我非常抱歉。为了向您表示歉意，我今天专门请了一个人帮您擦鞋，希望您能同意。”

张经理见李浩一脸真诚，就同意了下来。李浩趁着擦鞋时间，便主动和张经理聊起天来。

李浩：“张经理，您看这个孩子本来正处在上学的年纪，却由于生活所迫，不得不出来擦鞋，您觉得是不是很可怜啊?”

张经理：“确实挺可怜的。”

李浩：“听说您也有一个儿子，和这个小孩年龄差不多。虽然您现在事业有成，但人有旦夕祸福，不怕一万就怕万一，万一您将来有点什么事情，您肯定不希望自己的孩子也像这个小孩这样跑出来受苦吧？您现在这么有钱，很有必要为自己的家庭未来买一份保障。当您购买了这份保险后，您一定会觉得物超其值的!”

张经理听了李浩的一番话，最终决定购买该公司的保险。

## 典型案例解析

虽然李浩前几次的推销都没有成功，但李浩没有气馁，他在最后一次推销中积极地运用了暗示语言，通过不断的语言暗示对张经理进行说服，更重要的是李浩懂得抓住张经理爱子心切这一心理进行语言暗示，所以他成功了。

## 销售心理360°全解

在销售过程中，销售员要想说服客户，光靠单纯的语言去说服是行不通的，最好的方法是在说服过程中配合一定的暗示语言来进行。这些语言会悄然无声地在客户的心中产生影响力，在客户的意识中留下鲜明的印记。如果能运用适当的暗示语言，不仅会让说服的效果更为显著，也能强化客户对说服过程的信任和接受。那么，具体有哪些暗示性的语言可以说服客户，从而激发客户的购买欲望呢？

（1）朋友式词语。

销售高手喜欢用“我们来……”的句型刺激客户的购买欲望，因为这样说可以营造一种合作的气氛，让客户意识到销售员和他是同一战线的朋友，而不是相互对立的，这样可以减轻客户的压力，达成共识。

例如，销售员对客户说“我们来看看，当我们购买了产品，我们能得到哪些额外的优惠”就比“您今天购买产品，一定物超所值”听起来舒服得多。其实两种说法的内容是一样的，但是具有暗示性的“我们来……”句型更容易让客户接受。

（2）身临其境式词语。

和客户沟通要多说“当您使用它的时候……”这种能使人产生一种身临其境的感觉的话，而不要说“如果”“假如”等词语。“当……”这样的说法具有非常好的暗示效果，它向客户的潜意识里灌输了他已经购买了这个产品的信息，我们现在是在教客户怎样使用产品，而不是说服他购买，这样就避免了客户的抵触情绪，激起客户对产品的占有欲。

比如“当您使用这辆车的时候，您就会发现它大大提高了您的办事效率，我敢肯定您一定会非常喜欢它的。”而如果我们说“假如您有这样一辆车……”这样的语言会使客户产生一种可有可无的感觉。

（3）肯定性词语。

语言深刻地影响着人类的思维和行为，所以，在销售的过程中，尤其是成交的关键时刻，用一些肯定性的暗示词语对销售成功是大有帮助的，所以销售员一定要多说肯定性的语言。比如：“您想立即拥有它吗?”肯定性暗示词语是“拥有”。

“我很高兴您做了一次很明智的决定，您认为如何呢?”肯定性暗示词语是“明智的决定”；“我想您还是现在决定比较有利。”肯定性暗示词语是“现在决定”；“我想日后您会因为购买了我们的产品而感到骄傲。”肯定性暗示词语是“买了”、“满意”。

如果你总是说些否定性的语言，比如：“不买吗?”“不喜欢吗?”“不便宜吗?”这样会给顾客带来“不买”“不喜欢”“不便宜”等消极的心理暗示，会让我们成功销售的可能性大大降低。

## 让自己的赞美富有创意

赞美是一种说话的艺术，它能让被赞美者心情愉快，感觉美好。而富有创意的赞美更能令人感到快乐和幸福。著名的心理学家阿伦森认为：

大多数人都喜欢对自己的行为或态度表示赞赏的人，而反感对自己持反对态度的人。所以，在销售过程中，如果销售员能够结合每一位客户的实际情况，对他们进行有针对性和创意性的赞美，把赞美说到客户的心坎里，客户就会心情愉悦，从而消除对我们的戒备心理，为我们下一步的洽谈提供非常有利的条件。

## 实战情景演练

销售员王华向一家公司推销一种装饰材料。这家公司负责人李经理在听完王华的介绍后，认为材料的价格偏高，并列举出近十种其他材料的价格进行对比，甚至还向王华分析了国内外装饰材料的市场现状和发展趋势。

王华听完李经理的一番论述后，故意惊讶地说："啊，李经理，您真了不起，难怪当上了经理！"

李经理："呵呵，你过奖了。"

王华："您是怎么知道这些材料的数据的？"

李经理："这可是我十多年的打拼积累下来的经验知识。更何况，做我们这行的，要是不时时关注行情，盯紧市场动态，那是会吃大亏的！"

王华："哎呀！您真是让我开了眼界了。我本以为××公司的总经理就够厉害的了，没想到您竟然更加博学。怎么说呢？我感觉您就好像是一个知识库！"

李经理："不敢当不敢当，我这都是被逼无奈啊。"

王华："既然如此，我想您对这个行业也十分了解，您应该知道我们的产品是不会差的。您愿意试试吗？这样在您丰富的装饰知识库里，以后又会多一个优秀的品种。"

李经理："那这样吧，你先给我们拿一部分试试。"

## 典型案例解析

王华无疑是一位优秀的推销员。因为优秀的推销员无论在何时、何种情况下，都能抓住客户身上的闪光点，把适当的且具有创意的赞美说到客户的心坎上。也正是因为王华这种富有创意的赞美，让他在自己处于劣势的情况下，仍能上演“绝地反攻”的一幕，并顺利拿下订单。

## 销售心理 360°全解

在销售中，客户已经厌倦了销售员千篇一律的说辞，那些陈词滥调或者不着边际的赞美只会令客户反感。唯有别具匠心、富有创意的赞美，才会让客户心花怒放，心情愉快，并心甘情愿地与销售员交流。因此，作为一名销售员，要想让客户真心喜欢你，就要从独特的角度发现他与众不同的优点，从而“另类”地赞美他，这样你才更容易从庞大的销售员队伍中脱颖而出，得到客户的关注和赏识。那么，如何才能让自己的语言富有创意呢?

（1）找准客户的“特殊魅力”。

没有一无是处的人，所以，每个人都有自己的优点和亮点，销售员可以在客户身上寻找不被他人注意的某个优点，然后对其进行一番有创意的赞美，这样定会博得客户的赏识。比如，在工作方面，销售员可以这样说：王经理，您真不简单，年纪轻轻就有这么大的事业，真让人羡慕；在家庭方面，销售员可以这样说：赵先生，听说您孩子的学习成绩总是名列前茅，真是让人羡慕啊；在运动方面，销售员可以这样说：“张先生，您羽毛球打得太好了，改天我一定要向您请教；在身体健康方面，销售员可以这样说：李经理，您工作这么忙，气色怎么还这么好？可真不简单啊!”

（2）赞美要另辟他径。

赞美的话不能千篇一律，要独具特点。这就如同再美味的水果，吃多了也会腻，其中的道理是一样的。比如别人一般习惯于赞美客户本人，而你却可以赞美客户的行为或贡献。这会让客户觉得你的赞美更加真诚和可贵，如此一来你就更容易得到客户的支持和信赖。

另外，赞美的内容要具体翔实。毫无实际内容的赞美只会让客户觉得你的赞美是虚伪的，是出于功利的心理，这样不仅不会起到好的作用，还会让你的销售陷入僵局。

## 重复说明一个重要信息，加深客户印象

在心理学上的重复定律认为，任何的行为和思维，只要你不断地重复，它就会不断地加强，就会变成一种习惯，进入你的潜意识，最后变成事实。也就是说，如果你不断重复地听到一些人、事、物，那么这些人、事、物就会在你的潜意识里变成事实，并被你接受。在销售领域中，销售员完全可以运用重复定律，对产品能满足客户需求的特点进行反复说明，使它在客户头脑中形成清晰的印象，促使客户认同产品，从而下定购买的决心。

### 实战情景演练

销售员小胡和小温在卖同一款相机，然而取得的销售效果却大相径庭。

小胡："嗯，这么说，您决定购买一款相机啦?"

客户："是，不过一定要全自动的。我想把它作为礼物送给儿子，他年纪还小，所以一定要容易使用的。"

小胡："您的预算大概是多少?"

客户："2000 元左右吧。"

小胡："好的。我觉得××型这款相机挺符合您的要求，目前正是特价，只售 1800 元，物超所值。在同类型中它的性价比最高……"

客户："嗯……"

小胡："另外它还具有超高速快门，就是说……"

客户："对不起，使用起来是否方便容易呢?"

小胡："我正要介绍……"

客户："让我先考虑考虑再说吧。"

我们再来看看小温是如何销售的。

小温："嗯，这么说，您决定购买一款相机啦?"

客户："是，不过一定要全自动的。我想把它作为礼物送给儿子，他年纪还小，所以一定要容易使用的。"

小温："容易使用，好的。那您的预算大概是多少呢?"

客户："2000 元左右吧。"

小温："好的。我觉得××型相机挺符合您的要求，目前特价只要1800元，这是在您预算范围内最容易使用的相机，完全自动。您儿子所要做的只是选取好想要照的景象，然后按下快门就可以拍照了，就这么简单。"

客户："嗯……"

小温："输出也十分容易，只要用数据线连接电脑即可。"

客户："就这么简单?"

小温："就这么简单！它是全自动的，使用起来很简单。您打算今天就买吗?"

客户："现在有货吗?"

小温："当然。"

客户："好吧，我就买这个了。"

## 典型案例解析

案例中，小胡的推销会失败，是因为他把客户的注意力集中在产品的各种功能和性价比上，因而忽略了去满足客户的特定需求了。而小温在得知客户的特定需求是一架使用简单的相机时，他就仅仅为客户描绘了一幅如何轻松使用本相机的情景，并将对方的特定需求重复了四次。通过不断重复“自动”和“使用简单”这类词语，加深了客户的印象，所以客户认同了小温的推荐。

## 销售心理 360°全解

销售员要懂点心理学，学会利用潜意识的作用来提升客户对产品的认可度。为了达到这个目的，销售员要先倾听客户的需求，当客户提出的需求十分明确时，销售员就可以通过使用“重复说明一个重要信息”的方法，来引导客户认可产品。同时，使用这种方法也是有技巧的。

（1）重复时多使用感性词语。

销售员在重复产品能满足客户的需求时，要多使用感性的语言。我们可以把强化印象法与创造感觉法一起运用，这样能让语言在无形中产生很大的感染力和推动力。比如，你卖的是按摩床垫，如果客户身材比较胖，正想减肥的话，那么你就可以不断地重复床垫能通过按摩人体的特定穴位来达到辅助减肥的功效。你可以说：“使用了这种床垫，您每天晚上睡着的时候脂肪都在自动燃烧，那种变苗条后的轻松感觉是多么的痛快和舒服。”这样，你通过感性的语言帮客户想象了减肥成功后的感觉，同时强化了产品在客户心中的印象，客户自然会对这种产品产生依赖感和购买欲望。

（2）重复中多用短句。

在销售过程中，销售员还可以用一些短句来达到强化印象的目的。如：“您不可能忘记”“这不可能忘掉”“这么美妙的东西，相信您会记住”“也许您会常常想起”。你还可以这样说：“您的孩子会因此而感激您的。”“您的妻子会永远记得您送给她这么一份美妙的礼物。”等等。

## 争辩会让你失去订单

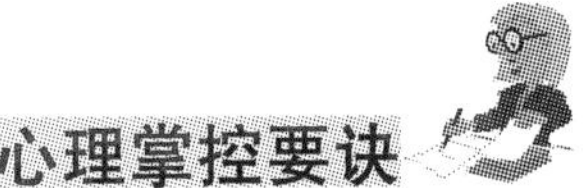

### 心理掌控要诀

聪明的销售员都知道，在销售中一定不能和顾客进行争辩。因为一旦与顾客争辩，那么不管你在争辩的过程中是否处于上风，是否占尽先机，结果都是销售员输了。因为如果销售员在争辩中失败了，那么就是真的败了；如果销售员胜了，并把对方的意见指责得体无完肤，甚至是凌驾于顾客之上，那结果只能还是失败。一个真正成功的推销人员，是绝不会与自己的顾客进行争辩的。

### 实战情景演练

一位非常挑剔的客户在销售员小马的柜台前购买一种进口剃须刀。

小马：“老先生，这是一种新型剃须刀，各方面性能指标较其他同类产品都有较大的改进，它的主要配件都是进口的。”

客户在试用了一下后说：“这不太可能，进口剃须刀我熟悉，这绝对不是进口货，我看这倒像是广东那边的产品，并且性能也不见得有多好，同我那个老机子也差不了多少。”

面对客户这种近乎自负的态度，小马没有继续同他争辩，而是说道：

“是吗？这剃须刀确实是进口货，是不是这个样品有问题？我手头还有样品，您再试试？”

客户见小马的态度如此客气，感到十分意外，随之对自己刚才不太友好的态度有点不好意思，于是他也客气地回答道：“哟，搞不好我也看得不太准，再换一个给我看看吧。”

于是小马又拿出一个样品让客户试用。这一回不同了，那位客户赞不绝口地说：“不错，不错，效果蛮好，看来我刚才是有些走眼了，价钱怎么样啊？”

小马见客户的态度有了明显的变化，便趁热打铁，最终成功地卖出了剃须刀。

## 典型案例解析

案例中的小马在面对客户的无理争辩时，并没有选择和客户硬碰硬，而是选择一种宽容、温和的态度来对客户的异议进行解释，从而化解了紧张的局面，创造了一种良好的交谈气氛，并赢得了客户的好感，所以推销成功也就不足为奇了。

## 销售心理 360°全解

争辩是销售的第一大忌。客户在购买产品时一般都会有自己的意见和看法，并且有时还会表现得很固执，所以在交流的过程中争辩随时都有可能发生。如果销售员一味强辩，惹怒了客户的话，对销售工作是有百害而无一利的。那么，销售员应该如何避免争辩的发生呢？这就要求销售员能够做到下面两点。

(1) 不要刺激客户。

当你觉得客户将要同自己争吵时，千万不要再去刺激他。只要你刺激他，他就会立刻发火，不管三七二十一地把自己的怒火冲着你发泄一通。例如，如果你不能达到他想要的那个合理要求或者标准，而在一些小的问题上与其纠缠不休，他们就会如临大敌，你也就难逃被骂的结局了。记住，在这些时候，能忍则忍，所谓退一步海阔天空，你不会损失什么，更不要搪塞客户，如果被客户发现你在搪塞他，销售也必将失败。

（2）提高控制客户情绪的能力。

销售员要在销售中掌握主动权，并且有效避免与客户争吵，就要提高自己控制客户情绪的能力。要想避免客户的无理取闹，销售员就要用真诚的话语去引导和劝说客户，适时地运用一些为人处世的小技巧。比如，让客户觉得自己其实是一个谦谦君子，不可以有某些粗俗无礼的言行举止，委婉地告诉他们不要总是生气。如果是男士，就要用妥帖的言辞提醒他们争吵会大大降低一个男人的君子风度；如果是女士，同样要用委婉的话语提醒她们争吵有损一个女人的优雅气质。

## 通过讲故事来激发客户的购买欲

### 心理掌控要诀

人的心理既有感性的一面，也有理性的一面。基于这一点，有经验的销售员都知道，在销售过程中，运用诉诸情感的方式和诉诸理性的方式同样重要。而诉诸情感的最佳方式就是讲故事。通过故事，销售员可以把要向顾客传达的信息变得饶有趣味，使顾客在快乐中接受信息，对产品产生浓厚兴趣。由于故事都倾向于新颖、别致，所以它能在客户的心目中留下深刻的印象。

故事是人们喜闻乐见的一种文学形式，从古至今都受到人们的欢迎。

当一个销售员能通过故事把产品在客户心中留下一个深刻、清晰的印象时，这个故事就会成为他制胜的法宝。

## 实战情景演练

小马是一家4S店的销售员，一天，展厅里来了两位客户，这两位客户都是非常谨慎的那种人。他们在这周已经来过三次了，虽然每次咨询都特别仔细，甚至还提出要到维修车间看看，但最终都没有作出购买的决定。这次他们在看了近半个小时后，再次提出要去维修车间看看。

无奈之下，小马只得陪同他们向维修车间走去。从展厅走到维修车间有4分钟的路程，在路上，小马忽然想起一个故事，于是问道："您俩知道在我们这里，车辆最怕什么吗？"这个问题一下子难住了两位客户。

小马接着说："最怕鸽子。鸽子的粪中有一种特殊的生物酸，对车顶有腐蚀作用。这是我们的修车师傅告诉我的。"

"有一次，一个客户来提新车，就在他拿到钥匙的那一刻，一只鸽子从车顶飞过，我们的修车师傅看到鸽子飞过车顶时落下了一撮粪便，就眼疾手快地用手接住了。但客户却没有注意到这个细节，还伸出手来要与他握手告别。修车师傅把那只握着鸟粪的手背在身后，然后鞠躬，另一只手做出请的姿势，礼貌地请客户进了车。客户启动了车便高兴地离开了。"

事后我很好奇，就问修车师傅为什么那么在意一点鸟粪？他告诉我说，你在今后卖车时一定要告诉客户，要小心防范头顶的鸽子，如果没有带遮掩的停车位，就最好买个车罩。因为鸽粪中含有一种可以腐蚀车漆的生物酸。

"所以，从那以后，我才知道车辆最怕的是空中的鸽子。"

两位客户听后，抬头看看空中，果然看到有几只鸽子在飞翔。他们也注意到维修车间外面的几辆车都盖着车罩。他们的心被打动了，于是停住了脚步，其中一位对小马说："我们不去车间看了，你给我们定两辆带车罩的雪铁龙吧，都要黑色的。"

## 典型案例解析

小马在发现这两位顾客心思非常细腻，并且对自己的企业充满质疑和不信任的时候，巧妙地运用鸽子粪的故事，让客户看到了他的企业认真、负责、处处为客户着想的服务精神，并最终赢得了客户的信任和赏识，拿下了订单。

## 销售心理 360°全解

通过故事来介绍商品，是说服顾客的好方法之一。故事之所以有如此大的魅力，是因为人都是情感型动物。著名心理学家马斯洛认为，人的动机是由不同层次的需求组成的，包括生理需求、安全需求、社交需求、尊重需求和自我实现需求。这其中的精神需求占据了一大半。

任何商品都有它迷人而有趣的话题。比如，它是怎样发明的？它是怎样生产出来的？它能带给顾客什么好处？等等。但是，并非所有的故事都可以作为销售武器。销售员要想讲述出一个精彩动人的故事，就应该注意以下两点。

（1）故事要有价值。

销售员在用故事作为销售手段的时候，一定要注意故事本身是否具有价值。首先，故事要具有传播价值、趣味价值，同时又朗朗上口，才能确保营销的有效性；其次，故事要与正面的社会价值观相结合，如正直、真诚、善良、孝敬等，才能得到社会的认可；再次，故事要能引起人们的购买欲望。故事只有具备了这些，才能有力地推动顾客的购买进程。

（2）故事要有针对性。

在讲故事之前，销售员需要通过所了解的信息对客户的心理进行分析，快速、准确地捕捉客户的需求，这样才能讲出恰当的故事，引起顾客的心理共鸣，从而成功地卖出产品。

# 第五章

## 把握人性弱点：瞄准客户的“阿喀琉斯之踵”，赢得销售主动权

每个人都会有自己的致命弱点和死穴。销售员在面对各种各样的客户时，不要觉得客户“无懈可击”，找不到突破的办法，而是要善于分析客户心理，把握好人性的弱点，然后利用这些弱点，制定出相应的对策，“一物降一物”，最终赢得销售主动权。

# 以同类人作比较，激发客户的攀比心理

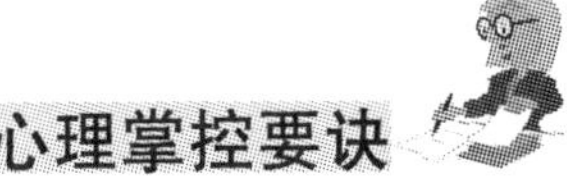

## 心理掌控要诀

有些客户在购买过程中会出现严重的攀比心理，总想着自己买的东西要比别人的好，对于这一点，销售员是可以善加利用的。销售员如果能够合理利用客户的这一弱点，就能轻而易举地达到销售目的了。

## 实战情景演练

小王是一个成功的液晶电视销售员，他的销售秘籍之一就是利用人们的攀比心理。这次，公司刚刚推出了一款新的液晶电视，小王的脑海里早已拟好了一份准客户名单，然后约见、拜访，并在拜访中充分利用客户的攀比心理促成了签单。同事发现小王要去拜访的客户都是同一个小区里的住户，而且大多是常年在家的全职太太。小王最先选择了一家在这个小区家庭情况比较一般的女士，并成功说服了这位女士。之后他开始找这位女士的邻居。

小王："李太太，您好，我是某某公司的液晶电视销售员，请问您家的电视用了多少年了，是什么牌子的呢？"

李太太："这个电视是海尔的，有些年了，平时看着也还行，就没打算换新的。你还是请回吧，我现在不需要液晶电视，旧的看习惯了。"

小王："是吗？李太太，据我了解电视用的时间太久对眼睛不太好，而且有些零件也不太安全，您可以考虑一下我们公司的液晶电视，我们最近新出了一款，效果非常好，刚好赶上"十一"做活动，有一部分优惠的。”

李太太：“不用了，谢谢你，要不你留张名片吧，我如果需要再和你联系。”

小王给出名片，并没有要走的意思，接着说：“对面的张太太您认识吧，她买的就是我向您推荐的这款电视，您听，现在他们家正放着呢，音质特别好，看上去也很舒服，要不您过去看看，了解了解，大家都是邻居，串串门也没什么不好的。”

李太太显得有些不高兴，心里想着：他们家都买了新电视，她老公赚钱还没我老公多呢，看来我也要买个电视才行，不然多丢人啊。

然后李太太对小王说：“不用看了，我想知道有没有比他们家的那个还要大点的电视，我比较喜欢大的。”

小王笑着说：“有啊，有一款比张太太家的还大，价钱并没有贵多少，也在这次活动范围之内，要不您和我一起到店里去看看，还是直接叫人给您送家里来呢？”

## 典型案例解析

案例中小王把销售地点选择在同一个小区，而且就近一家一家去推销，然后巧妙利用客户的攀比心理，以小区邻居来作比较，来促成自己的交易。

## 销售心理360°全解

消费者的攀比心理，是基于消费者对自己所处的阶层、身份以及地位的认同或期望认同，继而选择所在的阶层人群作为参照所表现出来的消费行为。人是具有社会性的，因此，人们在社会群体活动中，难免会出现攀比心理，而销售员可以把人在心理上的这个弱点当做一种销售攻心术来应用，这样必然会取得良好的效果。那么，销售员在运用客户的攀比心理时应该注意什么呢？

（1）用同类人作比较。

销售员在运用客户的攀比心理时，一定要注意一个前提条件，就是以同类人作比较，而不能见人就用，见人就举例。因为如果所举例子和这个客户没有多大的关联性，客户就很难被说服。

（2）利用攀比心理要节制。

销售员要懂得，并不是每个客户都愿意为自己的攀比心理买单的，客户即使想攀比，也要在自己能够承担的经济基础之上。所以，销售员利用客户的攀比心理要有节制，当顾客表现出不满情绪时，要赶快“收网”，否则客户会对你的这一方式产生反感情绪，这样对成交是非常不利的。

## 巧借逆反心理，驱动客户反其道而行之

### 心理掌控要诀

逆反心理是指人们彼此之间为了维护自尊，而对对方的要求采取相反的态度和言行的一种心理状态。销售人员要知道，顾客的某种欲望越强烈，其逆反心理也就越大。在销售过程中，如果销售人员合理利用客户的这一心理，也能达到意想不到的效果。

### 实战情景演练

钱生生的车已经开了很多年了，最近频频发生故障，面对高额的维修费用，钱生生决定换一辆新车。几家消息灵通的汽车销售公司得知这

一情况后，便有很多销售人员登门向钱生生推销轿车。

钱生生是一个非常有主见的人，面对一个个夸夸其谈、喋喋不休、极力推荐自己公司的轿车性能多么好、多么适合他这样的公司老板使用的销售人员，钱生生非常反感，特别是那些口出狂言，嘲笑他“你的那台车已经破烂不堪，完全不符合老板的身份”的人，更是让钱生生火冒三丈。

络绎不绝的销售人员，在让钱生生反感的同时，也增加了他的逆反心理：这群家伙为了推销他们的汽车，真是无孔不入，我才不会上当受骗呢，无论怎样，无论谁说什么，我就是不找他们买！

不久后，又有一名汽车销售人员登门造访，钱生生心里想的是：无论你说得有多好，我都是不会购买的，不用白费力气了。

这位销售人员也是一位善于察言观色的人，看到钱生生冷淡的态度和一脸的不耐烦，他知道此时的钱生生肯定听不进任何的汽车介绍。于是，他决定换一种销售策略。

在看过钱生生的车子后，这位销售人员只是对钱生生说：“我看您的这部老车还不错，虽然旧了点，但用上一年半载的应该没有什么问题，现在换确实有些可惜，我看还是过一阵子再说吧！”说完这个销售员给钱生生留下一张名片就主动离开了。

这简直太奇怪了，钱生生第一次看到这样的销售人员，这个销售人员对他的购买并没有兴趣，并没有想骗他的意思。就这样钱生生的心理防御系统不见了，逆反心理也瞬间消失了。自己的车虽然还能用，但总是出现故障，已经影响到自己的工作和生活了，更何况这样的车也的确有失身份。所以，他还是决定买一辆新车。于是一周后，钱生生拨通了那位销售人员的电话，并向他订购了一辆新车。

## 典型案例解析

案例中钱生生多次被销售员“骚扰”，已经对销售员向他推销汽车这件事非常反感了；如果最后那位销售员用同样的方式向钱生生推销汽车，可能和前面的那些销售员得到的结果是一样的。但他恰恰反其道而行之，利用钱生生的逆反心理，借以巧用，达到了自己想要的目的。

## 销售心理 360°全解

客户的逆反心理就是一把双刃剑，它会导致客户拒绝购买你的产品，也有可能会促使客户主动购买你的产品。那么，在销售过程中，销售员要如何利用客户的逆反心理，促使顾客产生购买的欲望呢？

（1）逆正常思维。

在销售过程中，大多数销售员和顾客都处于一种“四平八稳”的思维中，这种销售方法非但没有新意，还会让顾客习以为常，感觉有点视觉疲劳。所以，销售中如果出现一些逆正常思维，反而会让客户眼前一亮，对你的产品产生兴趣。例如，一家酒品展销中心举办了一场“假冒名酒展览会”，告诉客户怎样识别假酒，就是因为他们逆正常思维，反其道而行之，结果得到了比较好的反响。

（2）逆一般思维。

逆一般思维是一种极其特殊的、奇特的、与众不同的、别具一格的思维方式，但是这种思维方式一旦成功反应在销售过程中，效果也是非常惊人的。比如很多销售员大胆地提出多条限制性措施，但是这些措施非但没有使顾客减少，反而引起了更多顾客的好奇心，生意自然越来越好。例如北京有一家 80 后餐厅，店里限制只能是 80 后的人才能进去用餐，这种逆一般思维的限制反而引来了不少客人。

（3）逆流行思维。

现在很多人都追求流行，但并不是所有人都这样，更何况，流行的东西多了，也就变得非常普遍而没有新意了，很多顾客会因此而产生逆反心理。所以，如果销售员采取逆流行思维的策略，也就是我们常说的“爆冷门”策略，或许还能得到不少人的认可和追逐。

## 奉承是对付虚荣型客户的最佳武器

### 心理掌控要诀

心理学上认为，虚荣心是一种追求虚表的性格缺陷。一般虚荣心较强的客户都非常渴望得到他人的肯定和夸赞。而作为销售人员，在销售过程中为了让客户愿意购买自己的产品，适当的奉承是最佳武器。奉承可以满足客户的心理需求，从而促成交易。

### 实战情景演练

小郭是一家广告公司的普通员工，这次接到一个大单子，公司给他发了份丰厚的奖金。有一天，小郭走进一家商场，发现里面的西装都很好看，而且质量看上去很好。

售货员迎了上来，热情地招呼他说：“先生，您好！喜欢哪套可以试穿。”

小郭问道：“有没有什么适合我的西装？”

售货员问过小郭衣服的尺码后，向他介绍了不同品牌的西装，经过试穿，小郭最终选购了一套适合自己的西装。

看着镜子里的自己，小郭非常满意，售货员笑着说：“先生，您穿上这套西装真不错，看上去像高级白领，非常有品位。”

小郭听着心里乐滋滋的，笑着说：“是吗？我也觉得挺合适的。”

售货员趁热打铁，说："非常合适，只不过您身上的衬衣无论是颜色还是款式都和西装不太搭配，我们这里有衬衫，我想您穿任何一件，看上去都会更有魅力的。"

这一说，小郭也感到自己的衬衫跟这身西装不搭了，于是他又在销售员的推荐下，试穿了两件衬衫，感觉都不错。在试穿的过程中，售货员还不时夸赞小郭的身材、气质、品味之类的。

穿上西装和衬衫的小郭很疑惑地说："好像还缺了点什么？"

售货员沉默了一会说："哦，我想起来了，是领带。您要是再配一条亮色的领带就完美了。"

小郭果然接受了售货员的建议，找来一条红色的领带，售货员看了之后说："这才叫完美，这更彰显了您成功人士的身份。"

于是，在售货员的热情服务中，小郭配置了全套的行头：衬衣、领带、西装、皮鞋等。

小郭花光了所有的奖金，但心里美滋滋的。心想：明天我以全新的形象站在同事面前，多有面子啊，他们一定会对我刮目相看！

## 典型案例解析

案例中的售货员一眼就看出小郭是一个虚荣心极强的人，所以在和他交流的过程中极力奉承，让小郭的虚荣心得到了极大的满足。与此同时，售货员非常迅速又不失时机地把其他的相关产品一并推荐给他，小郭的虚荣心不断得到满足，购买的欲望也就不断滋长，交易就这样轻而易举地达成了。

## 销售心理 360°全解

这个世界上美妙动听的奉承是绝对不会过时的。销售员要想达成交易，就要学会满足客户的虚荣心，多说奉承话，让客户心情愉快。在这种动听的“谎言”中，客户就会渐渐放松对销售员的戒备心理，交易也就容易成功了。那么，在交谈中，销售中应当如何奉承客户呢？

（1）把客户适当地拔高。

销售员在对付虚荣型客户时，要多强调自己的产品最适合像他这样的“高层次消费者”使用，以满足他的成就感。你如果了解他们的这一心理，给他们多一点奉承，他们就会对你多一份认同，同时也就会对你的产品多一份信任。在他们面前多强调这份优越感是由产品带来的，那么，你的产品就有可能被这些“骄傲”的客户接受。

（2）奉承要懂得“虚实结合”。

奉承话不能都是谎言，这样客户也不会相信，而是要在客户已经具备的优点的基础上有所拔高。也就是要“虚实结合”，奉承必须“确有其事”，理由充分，有根有据。

## 抓住求廉心理，让客户感觉钱花在了刀刃上

### 心理掌控要诀

节约俭朴是中华民族的传统美德，即使现在是物质世界较为丰富的时代，很多人还是保持着这个良好的习惯，对自己购买的产品“挑三拣四”，不希望自己的钱有任何的浪费。销售人员在针对这种类型的客户时，就应该充分抓住他们的求廉心理，让客户感觉钱花在了刀刃上。

### 实战情景演练

张军的业务能力一直很强，可这段时间的销售业绩却一直提不上去，

为此，老板找他谈了一次话。

老板：“张军啊，你平时表现不错，怎么这段时间业绩这么差，是不是遇到了什么困难？”

张军：“我以前面对的都是那些比较有钱的客户，可是现在面对的客户好像都特别斤斤计较，每天跟我在电话里、公司、服务现场谈，让我感觉像是呆在一个菜市场里，跟卖菜似的讨价还价。这种感觉快要让我发疯了，我一直不愿意下单。”

老板：“人家斤斤计较，讨价还价，你就受不了了，不下单我们拿什么吃饭呢？”

张军：“在这个客户眼里，好像我们所有的东西都该免费提供给他一样，整天缠着我，我的服务也不是免费的啊？都免费了，那我们公司的利益哪来啊？”

老板笑着说：“小伙子，不要着急嘛，客户希望买到物美价廉的产品也是可以理解的，首先你这个态度就不对，无论怎样的客户，你都必须对他们有一个耐心的好态度。对于这种求廉心理的客户，你可以跟他讲明白咱们产品的实际价值，告诉他，这个价已经是最低的了，如果给他们算清了每一笔钱都花到哪了，他们自然也就能够接受你开的价格了。”

张军还是有些不情愿，从老板办公室出来就打通了其中一个客户的电话，试着用刚才老板说的方法与客户进行沟通，结果客户真的同意了他开的价，并且毫不犹豫地提出了成交。

## 典型案例解析

案例中销售员张军之前之所以被节约俭朴型客户困住，是因为他不懂得如何抓住客户的求廉心理，不懂得这类客户要怎样才愿意掏腰包。经过老板的指导，张军明白了必须让客户感觉到钱是用在刀刃上的，并没有白白浪费。懂得了这个道理之后，张军果然在销售中取得了突破。

## 销售心理360°全解

销售员在销售过程中，肯定碰到过不少节约俭朴型的客户，毕竟这个社会上80%的人只拥有20%的财富，大多数人并没有多么富裕。那么，销售员遇到这样的客户应该怎么办呢？

（1）激发客户兴趣点。

很多客户都有求廉心理，如果你常和这类客户打交道，就会发现他们并不是那种一毛不拔的人，只是花钱花得谨慎，认为钱就要花在刀刃上，不应该有丝毫浪费。只要你能激发他们的兴趣点，让他们感觉到物有所值，成交是不成问题的。

（2）强调商品的价值。

和节约俭朴型客户交易时，最好着重强调一分钱一分货，指出商品的价值和特征所在，甚至把产品的成本、生产周期等都告诉他们，使整个交易处于一种比较透明的状态，让客户了解每一分钱都花在了哪里，这样他们才能比较放心。

（3）要包容客户。

花钱要花得值，任何人都是这样认为的，何况是你要从客户的口袋里掏钱。所以销售员要控制自己的心理和情绪，包容客户的斤斤计较和讨价还价，对客户耐心和蔼，晓之以理，只要让客户觉得你说的话有理，他们自然也就愿意花钱购买你的产品了。

# 用危机感使犹豫不决的客户快下决心

## 心理掌控要诀

犹豫不决型客户的特点是步伐和动作缓慢，买东西时慢条斯理、小心翼翼，说话速度和反应速度也很慢。这些客户在购买过程中会对销售员察言观色，善于从中发现问题，对销售员所说的每一句话都会反复斟酌，不放过任何一个细节，生怕上当受骗。销售员在对付这类客户时，就需要用危机感促使其快速作出决定。

## 实战情景演练

有位夫人来到珠宝饰品柜台前，她认认真真地看着柜台里的戒指，表情有点为难，好像是在想到底买哪个好。

这时，一个销售员走过来对她说："夫人，您看中了哪一款，可以拿出来试戴的。"

夫人有些不好意思地说："我觉得那几款都挺好看的，你能都拿出来让我试试吗?"

销售员笑着说："当然可以，您稍等。"她说着把这位夫人所指的戒指都拿了出来。

这位夫人一心一意在那里试戴，每一个戒指都看得非常仔细，而且相互之间再三比较。有时眼睛里闪闪发光，像是看到了宝藏，有时又皱着眉头，应该是看到了一些小瑕疵，自己不满意。她就这样精挑细选的，一直没有给出答案，销售员等了将近十分钟也没看到这位夫人有什么动静。

这时，销售员看出了夫人的心思，于是就问道："像夫人您这样的高贵气质，这枚珍珠戒指和祖母绿戒指都比较适合您，只是看您喜欢哪一枚了？"

夫人："这两个都是我喜欢的，只是我现在只有买一个戒指的钱。"

销售员："那夫人您要赶紧做出决定，刚才我们店里一个VIP客户打电话过来问有没有新到的戒指，说要马上过来看，如果有合适的叫我先给她留着。这会她应该出门了，半小时之内就能到了。"

夫人："这是什么意思，这些是我先看上的啊。"

销售员："这是当然，但是如果您不赶紧做出决定的话，等那位太太来了，或许会和您成为竞争对手呢。这是您先看上的，当然要由您先挑啊。那您觉得这两个戒指您更喜欢哪个呢？"

听销售人员这么说，这位夫人本来就比较倾向于祖母绿戒指，便说："我还是比较喜欢这款祖母绿的，就选这款吧。"

## 典型案例解析

案例中店员在面对这种犹豫不决型客户时，采取了对其"施压"的方法，告诉她有一个竞争对手正在路上，如果她再犹豫不决，自己喜欢的东西就会面临被"抢走"的危险。果然，用危机感促使这位客户快下决心是正确的方法。

## 销售心理 360°全解

销售员在面对犹豫不决型客户时，很有可能会遇到不同程度的障碍，如果不能及时促使客户作出最后的购买决定，那么生意必然是"大事化小、小事化了"。面对犹豫不决的客户，我们可以尝试以下方法。

（1）为客户着想。

有一些客户其实已经计划好了要购买某种产品，但总是因为性格问题而在一些小事上“耿耿于怀”，不能作出最后的决定。销售员一定要看穿客户的这一心理，不要急切地催促客户成交，而是要审时度势，及时解除客户的所有疑虑，设身处地为客户着想。这样，客户自己也就不会存在太多顾虑了，自然就会完成交易。

（2）帮助客户减小选择。

有些客户同时喜欢上几种产品，但又只能买其中之一，所以就犹豫不决，迟迟没有成交。这时，销售员要懂得处理技巧，不能问他到底买不买，而是问要买什么样的，并适当给出中肯的建议，供客户参考，缩小客户选择的范围，最终顺利达成交易。

（3）适当给客户一些危机感。

如果有些客户天生就是优柔寡断、犹豫不决的人，纵使他对产品感兴趣，他也会拖拖拉拉，迟迟不肯做决定。这时，我们不妨故意给客户制造一些危机感，比如提到这个产品的竞争对手，或者告诉客户他没有足够的时间等待，今天是打折的最后一天了，让顾客感觉到自己再犹豫不决，将会有“危机”，从而促使他尽快作出购买决定。

## 切中趋利心理，给客户一些小恩惠

### 心理掌控要诀

趋利心理指的是人做任何事情都不断趋向于自己的利益需求。趋利性是人的本性，表现在销售中就是有趋利心理的客户总是希望自己能够占到一点儿便宜，能够“大钱化小，小钱化了”，从而使自己花最少的钱得到最多的利益。面对这种类型的客户，销售员应该切中其趋利心理，给客户一些小恩惠、小便宜，让他得到一些小小的满足，从而促成交易。

## 实战情景演练

陈林开了一家儿童服装专卖店。他对于店面的布置很费了一番心思。他的店里，除了儿童服装以外，还陈列着各种各样的物品，有抱枕等各种小件家居用品，有蜘蛛侠等各种儿童玩具，还有很多小工艺品，等等。有了这些物品，虽然小店看上去非常拥挤，但他的生意却非常好。

一次，一位顾客带着儿子来到陈林的店里买衣服。当顾客正和陈林讨价还价的时候，这位顾客的儿子便在店里四处找自己喜欢的玩具，玩得非常高兴。顾客和陈林都把这一切看在眼里。讲了很久，顾客始终下不了决心买下想要的那件衣服。

这时孩子吵着闹着要妈妈给他买自己看上的一个玩具。这位顾客怕孩子一直闹，但又不想掏钱买，所以忍不住问陈林："老板，如果我买下这件衣服，你可以送我们这个玩具吗？孩子特别喜欢。"

陈林看看孩子笑着说："好吧，看您儿子这么可爱，这个玩具就送给他了。您看我这都买一送一了，以后您可要常来店里买东西。"

顾客听后眼睛顿时散发出光芒，笑着说："行啊，那好，你把这件衣服帮我包起来吧。"

其实陈林之所以在店里放很多小孩子喜欢的东西，就是准备送给顾客的，算是"买一送一"，只是他在之前并不提出有这样的好处，而是让顾客自己提出来，这样客户意外地得到了这些小恩惠，心里自然格外地惊喜，销售工作也就容易多了。

## 典型案例解析

案例中店老板陈林就是利用人们这种趋利心理，故意在店里摆放各种小东西，吸引顾客的眼光，也不说出是赠品，而在客户提出要求后大方地送给顾客，这样一来，客户就会觉得是自己占到了大便宜。

## 销售心理360°全解

销售人员在面对趋利型客户时，能做到的就是尽量给他一点小恩惠，让他觉得自己占到了便宜，这样他付账就会爽快多了。当然，人的欲望是难以满足的，销售员不能有求必应，客户想要什么就给什么，而是要做到恰到好处，掌握好尺度和分寸，确保在满足客户小便宜的同时自己是有利可图的。

（1）恩惠在“小”不在“大”。

很多客户都有趋利心理，最初都只是想占到一些小便宜，但是在小便宜得到满足之后一些人的欲望就会膨胀，想要更大的便宜。所以，销售员必须看清这一点，从一开始就暗示给客户的恩惠已经是最大恩惠了，从源头上杜绝客户产生“得到这个，还可以得到那个”、“得到小的，还可以得到大的”的心理。

（2）小恩惠最好“出其不意”。

销售员在销售过程中即使为客户准备好了小恩惠，也最好不要过早拿出来。如果和产品同时摆放在客户面前，客户可能会认为这些也是自己掏钱买的，销售员肯定不会无缘无故送东西。这样也就不会给客户带来惊喜，更没有自己占到了便宜的感觉。所以，销售员最好是在客户没有心理准备的情况下给予客户一些小恩惠，以便达到更好的效果，最终完成交易。

# 激发猎奇心理，让客户欲罢不能

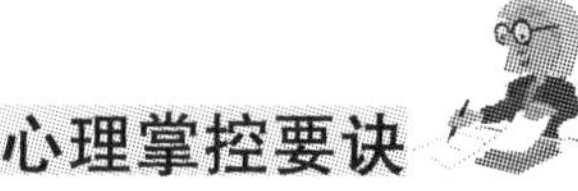

## 心理掌控要诀

猎奇心理也就是我们常说的好奇心理。好奇心人人都有，对于自己不了解的东西，人们都会感到好奇；而对于自己一知半解的东西，人们会更好奇。因为有了好奇心的作用，人们就会被那些自己平时不常关注的事物所吸引。对于这一点，完全可以利用到销售中来。销售员要懂得激发客户的猎奇心理，在关键时刻戛然而止，把话说到一半、把戏演到一半，这样就能在最快的时间内接近客户，促成交易。

## 实战情景演练

武汉有一个小酒厂，酒厂里酿的酒非常香，但因为价格有些偏高，营业两年多，业绩一点都不好。普通老百姓嫌贵，高消费人群又嫌这酒没有名气。所以酒厂一直处于亏本状态，甚至老板已经准备把酒厂关闭了。

酒厂老板有一个开饭馆的朋友，有一天饭馆老板对他说：“能不能让我尝尝你的酒，闻起来还挺香的，看看咱们还能不能想想办法把酒销售出去，好不容易建起来的酒厂就这样关门也太可惜了。”

听到朋友这么说，酒厂老板马上打开一瓶给他品尝，饭馆老板尝过之后很高兴，笑着对朋友说：“这么好的酒怎么现在才拿出来，你把这些酒送到我的饭馆，我保你大卖。”

酒厂老板听后半信半疑，但还是照做了，想着“死马当成活马医”

也没有什么坏处。

原来饭馆老板在闻到酒香的那一刻就想好了一个主意，他把酒运到自己的饭馆，然后在用餐高峰期把酒倒在多个碗里，让它的香气飘出来，飘满整个饭馆。

进来的客人都闻到了酒的香味，但都说没有喝过这种酒。突然出来一位客人，问道："什么酒这么香，给我们这儿来两瓶试试。"客人尝过之后果然说好喝，并推荐其他客人也喝这种酒。没过多久，很多客人都到这个饭馆来吃饭，并点名要这种酒。就这样，这个饭馆的生意越来越好了，酒也越传越远，酒厂生意也越来越红火了。

## 典型案例解析

案例中饭馆老板的成功就在于他充分抓住了客人的好奇心，在客人完全不了解这种酒的情况下，先用酒香来"征服"客人，让客人产生好奇心，从而引起客人品尝的欲望，这样客人就有了品尝美酒的机会，酒自然就有了销路。

## 销售心理 360°全解

在销售过程中，如果销售人员能激发客户的猎奇心理，客户就会有更多的热情和欲望去了解你的产品，成交也就顺理成章了。那么在销售过程中，销售人员应该怎样激发客户的猎奇心理，从而达到成交的目的呢？

（1）制造悬念激发猎奇心理。

如果很多客户对你的产品都没有了解，那么客户也不会对你的产品感兴趣。这时，销售员可以适当地制造一些悬念，利用客户的好奇心，让客户对你的产品产生兴趣，从而取得销售的初步成功。

（2）将产品的卖点神秘化。

如果你的产品看上去很神秘，那么客户就会有兴趣和欲望去揭开这层“神秘的面纱”，一睹究竟。基于这一点，销售员不妨把产品的卖点神秘化，让客户对这一产品满怀好奇、满怀期待。

（3）显露价值的冰山一角。

价值是客户追求的最终目标，而销售员如果只显露出价值的冰山一角，那这“一角冰山”就会像诱饵一样在客户面前晃来晃去，由于好奇的本性，客户自然想要获得更多的信息。为了一睹冰山全貌，客户自然会想了解更多产品的相关信息。

总之，激发客户的猎奇心理，才能让客户欲罢不能，想要更多地了解你的产品。所以，在销售过程中，销售员一定要学会设置悬念，引发客户的好奇心，进而促成交易。

## 满足独断专行客户的控制欲

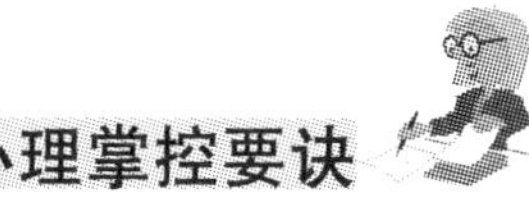

### 心理掌控要诀

独断专行的客户总是以自我为中心，希望自己和自己的观点能够得到别人的认可，更希望别人能够按照自己的意志行事。所以，在销售过程中，销售人员要善于变换主客关系，把客户转换到主角的位置上，让客户自己来评判和选择产品，以此来满足客户的控制欲，从而达到成交的目的。

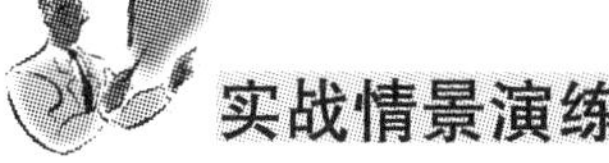

### 实战情景演练

小邓是刚刚加入某汽车公司的员工，经过公司的培训后，他被分配到了客户刘经理这里做汽车用品的分销工作。听公司的老员工讲，刘经理属于很不好相处的那类人，独断专行，总想控制别人，被大家称为“刺头”。平时合作中，他的问题最多，要求也最多，因此业务人员都不愿和他打交道。但小邓想自己“打不还手，骂不还口”的做法，应该能“逃过此劫”。

第一天到客户刘经理的公司，刘经理首先来了个下马威，告诉小邓第二天再去谈。

第二天上午，小邓来到刘经理的办公室时，对方却劈头盖脸地说：“不是约你一早过来吗？看看现在已经几点了，一来就敢迟到？”

小邓红着脸没有说话，但是心里想：看来这个客户确实挺严格的，以后得注意了。

接着刘经理给小邓看了他们公司厚厚的一本《规章制度》，安排小邓先熟悉一下他们公司的环境，直接把小邓当做自己的下属看待，没有任何待客之道。

三天后，刘经理安排小邓与业务人员一起去二级市场作市场调查，在市场中小邓发现了好多问题。在市场调查结束后，小邓迅速给刘经理提出了解决方案。但是，刘经理听了小邓的建议后说：“做完市场调查是要写书面报告的，你这些建议必须通过书面形式写出来，要深入解析，不要流于表面，找到解决问题的关键所在。”

小邓一愣，心想：这个人怎么这样？态度独断专行也就不说了，对别人提出的意见也不愿接纳。

碰到这样的客户小邓也是第一次，没办法，为了自己的工作，只好对刘经理言听计从。一个月之后小邓被调回了自己的公司，没想到的是刘经理居然向小邓的上司夸奖了小邓，说他是个好员工。

## 典型案例解析

在这个案例中，刘经理就是一个典型的独断专行的客户。他让小邓看自己公司的《规章制度》，还随便给他安排工作，面对这样的客户，小邓只好缄默少言，言听计从，尽量满足客户的控制欲，最后才有可能得到客户的肯定。

## 销售心理 360°全解

一般来说，独断专行型客户都是很有主见的，有时还会十分固执，对某种商品常常情有独钟，只要看上了就不愿再放手。如果销售员不是按照他们的意愿提供所需商品，那么就很难达成交易。因此，销售员一定要了解独断专行型客户的特点，适当地满足他们的控制欲，最终促成交易。那么，面对这类的客户，销售员需要注意些什么呢？

（1）了解客户的真实意愿。

销售员要想办法让独断专行型客户说出自己的意愿来，只有这样，才能了解客户的真实意愿。了解之后，销售员才能从他透露的有效信息中，为他推荐最为合适的产品。这样做既能让客户感觉到自己是主角，同时又能让自己不会太过为难。

（2）切忌向客户强制推销产品。

独断专行型客户最反感的就是销售人员的强制推销，当你越是向他陈述该产品如何好，对方的疑心就会越重，交易就越难达成。所以，面对这种类型的客户，销售员一定要让他自己挑选产品，这样的话，即使他挑错了也不会怪你。当然，最主要是他不会认为自己挑的是错的，反之亦然，他一般不会相信你的选择是对的。

（3）最佳态度是服从。

面对独断专行型客户，销售员最佳的合作态度是服从，因为他们有支配别人的习惯和欲望。对于这种客户，销售人员一定要把握好时间，约好什么时间谈工作就一定不能迟到。在与其交流过程中，思路要清晰，切忌拖泥带水，不能让对方抓到一点点“把柄”。无论对方提出怎样的观点，都不要提出反对意见，否则合作很容易失败。总之，销售人员要懂得，只有满足对方的支配欲和控制欲，才能顺利完成交易。

## 维护好骄傲型客户的自尊心

### 心理掌控要诀

骄傲型客户一般有三种心理状态：瞧不起人、掩盖内心空虚和故意显示自己的身份地位。这种类型的客户总觉得自己高人一等，狂妄自大，但是又信心不足，虚荣心较强，总想得到他人的认可和肯定。在销售过程中，销售员如果碰到这种类型的客户，一定要维护好他们的自尊心，帮他们“隐瞒”好这一心理弱点，只有这样，才能得到他们的肯定，成功卖出产品。

### 实战情景演练

小甜是某名牌大学的表演系学生，她长得很漂亮，但是为人非常骄傲。有一次小甜去一家名牌服装店买衣服，她穿得很高调，进到店里也是目中无人，只管自己一个劲试衣服。

店里的店员看到她这个样子都不愿意为她导购，于是就只有店长来和她交流了。

店长看着站在镜子前的小甜，笑着说：“美女，这条裙子非常适合您这种气质的女生穿，整个人看上去很清新自然。”

小甜对店长的夸奖不以为然，“那是，我的眼光还是很不错的。”

店长接着说：“看上去是好看，不过……”

小甜有点不高兴，追问道："不过什么？"

店长笑着说道："哦，我是觉得这样显得有点单调了，您是属于那种公主气质的，如果身上再添加一些小饰品，这样就显得更加高贵了。"

说着店长指着衣架旁边的一排小饰品，轻声对小甜说："您觉得这条红色的项链怎么样？要不试试？"

小甜听这个店长说话很温和，自己也有些不好意思太高调，笑着说："这个项链好像在哪部电影里见过呢，一个女主角戴着这条项链去参加朋友的婚礼，特别漂亮。我一时想不起来片子的名字了。"

店长笑着说："一看您就对这些很有研究，这样的小细节也能记住，我就算看过，估计也早忘了。"

小甜说道："嗯，我的专业和这些多少有点关系，所以平时都会留心观察。"

店长点头笑道："怪不得，看您的感觉就不像是普通的顾客，看来您更注重审美观，我不得不说您的眼光非常好。那您觉得自己挑的裙子怎么样呢？"

小甜考虑了一下，说道："我觉得挺好的，我把衣服换下来，你帮我包起来吧。"

店长笑着说："那好，这条红色的项链怎么样呢？要不要一起带回去？"

小甜点头说："嗯，一起买了，我很喜欢它。"

## 典型案例解析

案例中店长在面对骄傲型客户时，不是像其他店员一样置之不理，认为这种客户不好相处就放弃与之交流，而是顺着客户的心理，适当地夸奖和赞美，让客户感到遇到了"知己"，并且很好地维护了她的自尊心，这样她就有了沟通的欲望，成交也就格外顺利了。

## 销售心理360°全解

骄傲型客户其实并不像表面看上去那么狂妄自大，不易接近，只要销售员找对了方法，要达成交易是比较简单的。对付这种类型的客户，销售员不妨顺应他们的心理，采取以下两种策略。

（1）对于客户的骄傲宜疏不宜堵。

面对骄傲型客户时，销售员应该适当地“放任自流”，让客户把这种情绪发泄出来，否则，积压在心里就会像洪水受堵一样，随时都有可能泛滥。骄傲型客户的自尊心极强，神经也有点过敏，一旦感觉到自尊心受到伤害他们就会发作，一点点小事也能扩大“成灾”。所以对于这类客户必须采用“疏导”之法，等客户情绪得以宣泄后，销售员再抓住机会展开攻势。

（2）用商量的语气说话。

用商量的语气来表达自己的意见，以问代说，是说服骄傲型客户的有效方法。一个好的销售员应该了解客户渴望受到人们尊重和认可的心理需求，所以销售员面对骄傲型客户时，一定要注意自己的语言，与之交流时，征求意见的提问要多过不留余地的陈述，维护好他的自尊心。只有这样，骄傲型客户才会获得满足感，才会认真地和你进行沟通。

# 跟标新立异的客户讲个性

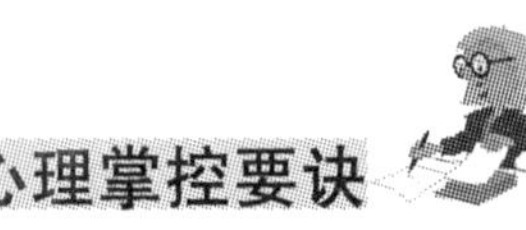

## 心理掌控要诀

每一个客户都拥有其独特的性格和心理。标新立异型的客户一般性格比较独特，追求的东西也较为另类。他们在购买产品时一般情况下都没有某些固定要求，主要是对产品的独特性期望较高。面对这样的客户，销售员应当多跟客户讲个性，因人而异，随机应变，从而对症下药，促成交易的成功。

## 实战情景演练

有一位穿着非主流的年轻女孩走进服装店准备给自己选购一款风格独特的外套。她边走边看，终于在一件色调较冷、设计大胆夸张、个性十足的外套面前停下了脚步。

一个店员笑着走上前对她说："小姐，喜欢什么都可以试穿，我看您的身材比较高挑，穿上这件外套能够显现出您优美的身材。"

这位年轻女孩听后果然穿了起来，脸上露出了满意的笑容，看起来非常喜欢，于是向店员询问衣服的价格。

店员回答说："988 元，现在正好赶上五周年店庆，如果您现在购买的话会有九五折优惠，还能免费办理会员卡。我看这件衣服确实很适合您的，要不帮您包起来吧?"

年轻女孩很爽快地回答说："好的，我就要这件衣服了!"

店员见生意谈成，心情也是非常好，她边包衣服边恭维地说："小姐您真是太有眼力了，您这件衣服自从在我们店里挂上之后，就有很多人来购买，幸好您买得及时，估计再过两天就没货了。"

"哦?是吗?"年轻女孩听了这话以后，心想着这么多人买过，那和校服就没什么区别了。于是她果断地对店员说："不好意思，我不想要这件衣服了。"

## 典型案例解析

到底是什么原因导致这位店员到手的生意告吹了呢?究其原因

就是她没有正确判断出客户的类型。很明显，案例中的年轻女孩属于标新立异型的顾客，穿着讲究与众不同，这类客户最不愿看到的就是和别人穿一样的衣服，失掉了自己的个性。而店员的话正好撞到了这一“枪口”上，所以直接导致了交易的失败。

## 销售心理360°全解

标新立异型的客户通常衣着简单大方，但又不失时尚个性，从他们的衣着上可以看到潮流的影子。与这类客户交谈时，他们会表现得活力四射，眉飞色舞，肢体语言相当丰富。当然，至于谈话的内容，很少会提及工作，而多半是抒发个人感想，对一些新鲜时髦的话题非常有兴趣。这类客户最看重的就是个性，对于价格、价值等不会有太多的讲究。那么，和这类客户沟通时需要注意哪些方面的问题呢？

（1）口才要好，注意沟通方式。

销售员在和标新立异型客户交易时，口才一定要好，并且话题要能够随意切换，至少要与这类客户搭得上话，让客户觉得有话可谈。在谈话过程中，也要以轻松的方式进行沟通，如果可以，尽量选择非正式场合，不要让客户觉得太“压抑”。在沟通时，若双方找到了话题的“新鲜点”，客户就会觉得你知识渊博，愿意和你多交流。

（2）投其所好，和客户讲个性。

大多数的年轻客户都比较喜欢时尚、前卫的东西，追求独特、个性，渴望与众不同，但又要得到他人的认可。因此，他们在购买产品的时候，总是喜欢比较另类的东西，不希望是大多数人都有的产品。所以，销售员在和他们沟通过程中要充分认识到这一点，所谈的话题和所选的产品要投其所好，看清客户的心理倾向，多和对方谈个性，这样更能抓住标新立异型客户的心。做到这一点，离交易成功也就不远了。

# 第六章

## 销售常用的心理学诡计：巧设陷阱，制胜就在心理操纵间

销售是一场心理博弈战，要想成为一名合格的销售员，就必须懂点销售心理学，只有能够窥见客户内心的销售员才能在销售领域中立于不败之地。所以，销售员必须懂点心理学诡计，只有这样，才能在销售过程中做到游刃有余。

# 提供免费午餐，让顾客产生负债感

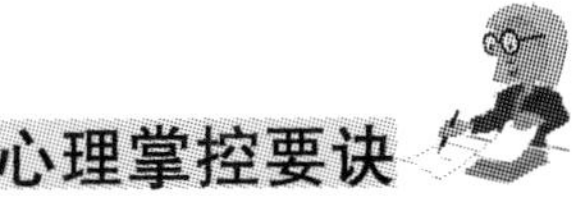

## 心理掌控要诀

我们常说“天下没有免费的午餐”，事实也的确如此。但是虽然知道这个事实，很多人在心理层面上，却仍旧克服不了想要贪图便宜的心理弱点。作为销售人员，我们就可以运用人的这个心理弱点来做点文章，给顾客点好处，让他们在心理上产生负债感，然后帮助我们提高销售业绩。

## 实战情景演练

一位客户带着女儿走进一间化妆品店，销售员阿丽热情地迎了上去。

阿丽：“您好，欢迎光临！请问您需要什么样的化妆品？”

客户：“哦。我只是随便看看。”

这时，客户的女儿突然吵着要出去玩，女士开始哄女儿。

阿丽：“女士，要不这样吧，我来帮您看着小妹妹，您先随便看看，等您看完了再来抱回她吧。”

客户：“怎么好意思麻烦你啊？”

阿丽：“没关系的，小妹妹这么乖巧，我也很喜欢她。”

客户：“那就麻烦你了。”

客户谢完阿丽便去看化妆品了，并买了一些她想要的化妆品。

客户回来接女儿的时候，对阿丽说：“辛苦你了，谢谢啊。”

阿丽：“您客气了，这是我应该做的。”

客户："请问你这有适合我的化妆品吗？"

阿丽转身从柜台上拿出一种化妆品："女士，您看，这种化妆品刚上市不久，目前很受顾客的欢迎，光这两天就卖出一百多盒。您看看这种产品怎么样？"

客户："看起来还不错，那我先买两盒吧。如果用了以后感觉不错的话，我会尽量让我的那帮姐妹们也过来买。"

阿丽："女士，忘了告诉您，这种产品是专门为像您这种美丽大方、皮肤又好的女士设计的。"

客户："嗯，好的，我知道了。今天谢谢你了啊，再见。"

一周后，客户就介绍了几个朋友来阿丽的店里买了不少化妆品。

## 典型案例解析

阿丽的成功之处在于：她深谙客户产生负债感的心理后，必定会想着如何回报自己。所以，她先主动要求帮客户看女儿，给客户一份"免费午餐"，此时，客户为了平复自己心中的负债感，便主动要求购买阿丽的化妆品。这也是为什么阿丽没费什么力就能卖出两盒化妆品的原因。

## 销售心理 360°全解

如果销售人员在洽谈生意之前给客户提供一些"免费午餐"，就可以赢得客户的好感，继而引发出客户的"投我以桃，报之以李"的回报心理。此时，销售员若能加以适当的推销，就会大大增加销售成功的几率。一般来讲，最常用的"免费午餐"都是些小赠品。但是，如果要达到预想的效果，在赠品的选择上就得慎之又慎了。那么，销售员在赠送客户赠品时又要注意些什么呢？

（1）赠品最好和促销商品有关。

比如，炊具促销，可以卖大锅赠小锅；汽车促销，可以赠送车椅套；热水器促销，可以赠送浴巾；家具促销，可以赠送抱枕，等等。

（2）赠品最好有其独特性。

所谓独特性，就是基本上不外卖的物品。除了促销期间以外，平时在市场上根本买不到。比如，某家具店在搞促销活动的时候，赠送给顾客的是一个会说话的吸尘器，这种标新立异的赠品，就大大刺激了消费者的购买欲望。

（3）不能夸大赠品的功能价格。

对于赠品的功能和价格，不能夸大，要实事求是。只有赠品货真价实，顾客才会认为你的商品也真实可靠，值得信赖。

（4）注重赠品的质量。

越是赠品，越要严格要求质量，不能拿质量低劣的、粗制滥造的、卖不掉的、有缺陷的商品随意赠送给顾客，否则顾客会把赠品和商品混为一谈，认为两者在质量上都存在着严重缺陷，因而拒绝购买。

（5）赠品要新奇的还是经济实用的，要视情况而定。

如果是开业之初，为了聚集人气吸引顾客，促销活动的赠品要做到新、奇、特；而如果是经营已久的商品搞促销，就要选择那些价值较高、顾客认为比较实惠的产品，这样才能有效吸引顾客。

## 给客户戴顶高帽，赢得客户支持

### 心理掌控要诀

人际交往中，戴高帽是说服对方由“不”变为“是”的最有效和最

省力的办法，也是赢得对方好感和支持的有效方法。在销售领域中，戴高帽这个策略仍然适用。适度恭维可博取客户好感，赢得客户支持，让客户由开始的“不”变为后来的“是”。所以，作为销售人员，我们一定要抓住顾客的这个心理特点，巧妙地给顾客送一顶高帽子，让顾客乐呵呵地把东西买走。

## 实战情景演练

家具公司的工作人员小刘听到一家公司想要装修一座现代化的写字楼的消息后，便马不停蹄地赶到那家公司，上门推销自己的办公家具。

前台人员将小刘引进负责订购事宜的牛经理的办公室，刚一进门，小刘就一脸佩服地对牛经理说：“哇，好气派！我从来没有见过这么气派的办公室，这是谁设计的啊？”

虽然办公室并不是牛经理自己设计的，但是他听到别人夸赞自己的办公室，心里却依然高兴得不得了，并热情地请小刘坐下。

小刘坐下后，故意用手仔细地抚摸着椅子的扶手，然后惊讶地说：“牛经理，您这椅子是红木的吧？太好了，一看这些家具，就知道您是一个品位不凡、懂得享受生活的人。”

牛经理听了小刘的话，非常高兴地说：“哈哈，是吗？”

牛经理见小刘和自己谈得很愉快，便兴致勃勃地带着小刘参观了整个公司，介绍公司的装修材料、设计比例、色彩调配，等等。结果可想而知，小刘又一次赢得了订单。

## 典型案例解析

小刘在进入牛经理的办公室后，并没有急于和牛经理谈论关于家具的事情，而是先给牛经理戴上了一顶高帽子，让牛经理听了后心花怒放，对自己的戒备心理自然就消失了，这就为自己下一步的推销奠定了成功的基础。

## 销售心理360°全解

每个人都喜欢被赞美，被恭维，顾客也不能免俗。几乎每一个顾客都希望在销售人员面前显示出自己的与众不同、品味非凡、高人一等。所以，销售人员一定要在适当的时候，学会给顾客戴顶高帽子，这种方法既能赢得顾客的欢心，又可以帮助自己顺利地达到卖出商品的目的。但是，并非所有的高帽子都可以给顾客戴。销售员在给顾客戴高帽子的时候，一定要遵循以下三个原则，否则只能事与愿违，招致顾客的反感，销售也必然失败。

（1）要真实不要虚假。

赞美要有事实有根据，不能夸大，更不能杜撰。在赞美中，销售人员要力求做到真实，如果无中生有，言过其实，便会有阿谀奉承、溜须拍马之嫌，让客户误以为你有什么不良企图。

（2）要适度不要夸张。

凡事过犹不及，给顾客戴高帽子也是如此。夸大其词的赞美，不仅不会赢得顾客的欢心，反而容易适得其反，让人觉得虚情假意。所以，销售员在赞美顾客时，不要把顾客说得好像“天上有地上无”一样，态度诚恳、言辞适当才是最高明的戴高帽子的方法。

（3）要真诚不要虚伪。

给顾客戴高帽子一定要真诚，要注意分寸，要戴得恰到好处，让顾客感觉到你的话是由衷的赞叹。也就是说，给客户戴高帽的时候不能太虚伪、太做作，要让顾客觉得这是对他的一种肯定，而不仅仅是一种奉承。只有这样，客户才能对你的话感兴趣，才会被你的赞美之词打动，进而购买你的产品。

# 投其所好，学会寻找自己与客户的共同点

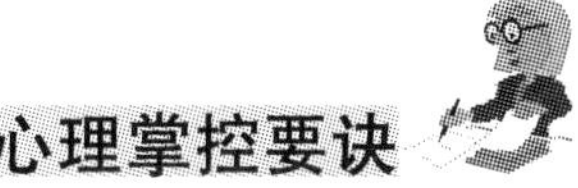

## 心理掌控要诀

美国销售专家杰弗里·吉特默曾说："如果你找到了与客户的共同点，他们就会喜欢你、信任你，并且购买你的产品。"当销售员初次与客户见面时，客户对销售员大多抱有一定的戒备心理，有些客户甚至会抱有一种敌对心理。这时候，为了能够尽快地与客户达到有效的心灵沟通，建立一种可以无话不谈的亲密关系，销售人员就要学会寻找与客户相似的地方，也就是彼此间的共同点，以让其消除戒备心理，因为共同点是两个人能够快速进入交谈气氛中最好的切入点。

## 实战情景演练

大强是一家家电销售公司的营销经理，他曾经去拜访一位准客户，但是一连去了几次，这位准客户也没有答应见他。

一天，大强又被拒之门外。当他沮丧地准备打道回府的时候，看到两位员工从这位准客户的办公室走了出来。于是，大强立刻心生一计，马上上前叫住了其中一位员工。

大强："您好，我是你们老板的合作伙伴，前几天我们签合同的时候，聊了很久，我觉得他是个非常不错的合作伙伴。但是我有件事情想请教您一下，您能告诉我你们老板的衣服平时都在哪家干洗店洗的么？"

这位员工一听是合作伙伴，也没多想，就爽快地回答说："哦，这个问题啊，公司对面那条街上有一家'爱美丽'干洗店，老板的衣服平时

就在那洗，我还帮他取过衣服呢。”

大强听了后非常兴奋地说：“谢谢您。”

然后，大强很快就找到了那家干洗店，并从干洗店的老板那里打听到这位准客户喜欢什么面料和颜色等，然后又找到了给这位准客户制作西装的裁缝店。

当裁缝得知大强想要定做的西装和那位准客户的一模一样时，便对大强说：“先生，您真有品位和眼光，××单位的老板和您的喜好相同，他的西装和您要的一模一样。”然后，店主还把这位准客户的兴趣爱好说了一大堆。

三天后，大强终于得到了一个和准客户见面的机会。于是，他穿上了那套特意定做的西装，自信满满地站在了这位准客户面前。准客户一见，先是大吃一惊，而后哈哈大笑……

经过一番寒暄，准客户见大强和自己有很多共同点，便越发欣赏大强。最后，大强成功地和这位准客户签下了合同。

## 典型案例解析

大强的成功和他的聪明是分不开的，他懂得在谈判过程中双方拥有共同点的重要性，所以他在没有共同点的情况下，努力去制造了很多共同点。当客户发现自己与大强的共同点如此多，甚至连喜欢穿的西装都一样时，便对大强产生了一种亲近感，大强也借此很轻松地赢得了一个大订单。

## 销售心理 360°全解

每个销售人员都希望自己和客户有相似的地方，这样就可以顺势发展，让自己有进一步接触和了解客户的机会，彼此间才会产生更多的亲近感和共鸣。但是，与客户心意相通并不是自然天成的，这需要销售人员自己去寻找和制造。只有这样，客户才会觉得“原来你和我一样”，才会对你产生一种亲切感，才会更加相信你和认同你的产品。那么，销售员如何才能找到自己与客户的共同点呢？

（1）察言观色，寻找共同点。

通常情况下，一个人的心理状态、精神追求、生活爱好，等等，都或多或少地要在他们的表情、服饰、谈吐、举止等方面有所表现，只要你善于观察，就会发现你与客户之间的共同点。

（2）话中试探，侦察共同点。

为了发现客户与自己的共同点到底在什么地方，销售员可以在客户同别人谈话的时候仔细分析、揣摩，也可以在客户和自己交谈时揣摩他的话语，从中发现共同点。另外，销售员还可以通过听客户的说话口音、言辞等，发现与客户的共同点。

（3）步步深入，挖掘共同点。

发现与客户之间的共同点是非常容易的，但是，这只能是谈话的初级阶段所需要的。随着交谈内容的深入，销售员可能会发现与客户的共同点越来越多。为了使交谈更有益于客户，销售员必须一步步地挖掘深一层的共同点，这样才能如愿以偿。

## 引导顾客思维，让客户从一开始就说“是”

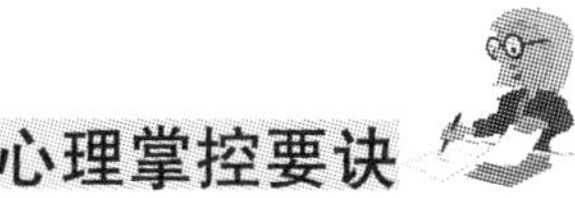


美国心理学家阿弗斯特在《影响人类的行为》中说道：“一个‘不’的反应，是最难克服的障碍。一旦一个人说出‘不’以后，出于自尊心，

他总是会固执己见。可能过后他会觉得当时的‘不’是不恰当的，然而当时他必须要坚持。所以，一开始使人采取肯定的态度极为重要。”

因此，销售员在销售一开始就应该让客户保持一种积极的态度。这就要求销售员在和客户谈话之初，就要准备好让对方说出“是”的话题。最为重要的是要想办法得到对方的第一个“是”，它是整个销售过程的关键。

## 实战情景演练

查理是华盛顿一家储蓄所的销售员。一天，一位客户来到储蓄所要开个账户，查理照例让他填一些表。可是，这位先生显然对此很反感，因为表上有很多问题都是他不想回答的。

以往碰到这种情况，查里都会根据储蓄所的规定对客户下“最后通牒”，但是，今天他打算不谈银行的规矩，而是打算从谈客户的需求着手。

查理：“先生，是的，您拒绝填写的那些资料，并不是必须要填的。”

客户：“我就说嘛，这些完全可以不填的。”

查理：“先生，假如您把钱存在银行，一直到您去世，您是希望把这个钱转移给您的儿子继承吗?”

客户：“是的，我当然要给我儿子继承了。”

查理：“将您最亲近的亲属告诉我们，当您有事的时候，我们可以及时无误地实现您的愿望，难道您不认为这是一个很好的办法吗?”

客户：“是的。”

查理：“那您现在觉得该不该填写这些表呢?”

客户已经意识到填这些表其实是为自己好，所以爽快地回答：“应该，我现在就填。”

最后，客户为了感谢查理让自己学到了这么多知识，特意又办理了一份新业务。

## 典型案例解析

案例中的查理在看到客户带有明显的抵触情绪时，并没有急于用银行的规定去胁迫客户，而是巧妙地用语言引导客户，使得客户从一开始就说“是”，从而让不想遵从规定的客户改变了主意，并且还办理了新的业务。

## 销售心理 360°全解

销售员在一开始就使客户持肯定的态度极为重要，因此，销售员在刚开始一定要先准备好可以让客户说出“是”的话题，并通过语言、动作等巧妙地引导客户，使其在不知不觉中认可销售员的观点，并内化为其自身的观点，最后成功实现销售。

但在实际的销售活动中，许多销售人员好不容易找到了目标客户，却不知道该怎么说才能引导客户说“是”，最终导致自己的销售失败。那么，如何让客户一开始就认可你，对你说“是”呢？

（1）与客户交谈的语言要同步。

要想让客户说“是”，销售员就要找到与客户的共同语言，实现语言同步，这就要求你要先掌握客户的语言特点，然后采用特点相同或者相似的语言与客户沟通。

比如，客户提到“……车子外壳很不错”，销售员就可以使用“漂亮、结实的……汽车外壳……”从而激发客户想和你进一步交流的意愿。或者销售员可以找一些客户比较感兴趣的话题，让彼此间能够和谐交流。这样，强烈的语言感召力就能够为接下来的销售工作打下良好的基础。

（2）与客户的行为动作要同步。

在销售过程中，找到彼此的共同点，能更有效、更快速地拉近你和客户的心理距离，增强客户对你的信任和认可程度。要想找到共同点，这就需要学会用客户的表征系统来沟通，然后有力地传达我们的信息，减少对方说“不”的机会。

客户的表征系统主要分为：视觉表征、听觉表征、感觉表征等。例如：销售员在与客户交谈中，客户的眼神总是非常自然地扫过或停留在一处事物上，那么我们也要在交谈中，自然地将眼神放到该“事物”上。在共同的表征中，可以造成共同或相似的心境，使双方非常容易沟通。

（3）给客户多提出一些封闭式的问题。

与开放式问题相比，封闭式问题类似于判断题或多项选择题，回答只需要一两个词。具体来说，封闭式的问题通常是事先设计好备选答案，把受访者的回答限制在被选答案中，即让他们从备选答案中挑选自己认同的答案，一般情况，只用“是”和“不是”就能回答，由提问者控制话题方向。因此，在销售中，销售人员要多运用封闭性问题向客户提问，不给客户说“不”的机会，以便让交易顺利进行。

比如，和客户约时间的时候，销售员应该说：“您是周三有时间，还是周五有时间？”而不能说：“您什么时候有时间？”客户来看车的时候，销售员应该说：“您想买小排量的还是大排量的汽车？”而不能说：“您想买汽车么？”

## 以退为进，适度地对客户让步

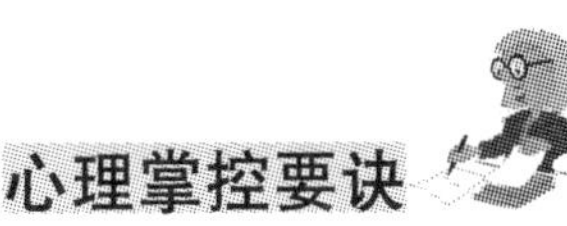

### 心理掌控要诀

以退为进是一种为人处世的智慧，它是一种以退让的姿态进取的手段。就好比人在跳远时，要想跳得更远一些，就必须先后退几步再跳一样。在销售过程中，如果销售员能在销售中运用以退为进的生活智慧，能够有效、适度向客户退让，同样能达到意想不到的效果。

## 实战情景演练

张静是一家电子产品公司的销售员。一天，张静向公司的一位老客户陈老板推销新一代电子产品时，和陈老板在产品价格上产生了分歧。陈老板要求将新一代产品按照原来产品的价格批发给他，这让张静觉得很为难。毕竟是新一代产品，科技含量和原料价格都要比原来要高出许多。但为了不失去这个老客户，张静决定试一试以退为进的策略。

张静："陈老板，您提出的这个价格实在让我们无法接受啊。"

陈老板："现在市场不景气，产品都不好卖。如果新产品要提高价格，那么让我们怎么卖出去？这样吧，我也给你透一个底，要么按照原价，我们进一点货，要么暂时不进货，等市场好转了以后再说……"

张静："陈老板，您也是我们的老客户，我们的产品性能您是非常了解的。可这次毕竟是新产品，价格肯定会高点，您要是按原来的价格批发，我们会赔本的。要不这样吧，我退一步，给您原来的价格，但前提是您必须再多订点货，产品数量由现在的50件增加到100件，您看怎么样？"

陈老板："现在市场不景气，我们进50件就已经够多了，进100件……"

张静："是啊，现在市场不景气，我们产品的利润已经非常低了。现在，新产品按照原来产品的价格批发给您，几乎是赔本的买卖，而您多进一点货虽然风险大一点，但是进货的价格低，利润空间大啊！况且这个优惠条件还是我从领导那里好不容易争取来的，您还是我们公司第一个享受这种优惠的客户……"

陈老板权衡了一下利弊，觉得张静退让了一步，自己退让一步也不会有太大的风险。虽然进货过多，但是新一代产品的零售价肯定比原来的要高一点，这样利润空间也就变大了很多。于是，陈老板最终签了单。

## 典型案例解析

张静显然懂得做销售最佳的结果就是实现双赢这个道理，所以她在客户再三要求自己降价的时候，并没有毫不退让，而是通过以退为进的销售手段，有原则地向客户让步，最终说服客户签下订单，让自己的销售取得了成功。

## 销售心理360°全解

在销售的过程中，销售员和客户很容易在某些方面产生分歧，出现矛盾。有时，为了各自的利益互不相让，以致销售陷入僵局。销售员应该在不损害公司利益的前提下，自己先退让一小步，将合作的其他条件进行相应的调整，要求客户“也让一步”，以此缓解“对立的局面”，促使客户下决心签单。但是，并非所有的妥协和退让都是有益于销售的，这是需要技巧和尺度的。销售员只有掌握了以下几个方面的技巧和知识，才能让自己在销售中占据主导地位。

（1）在关键问题上绝不能退让。

退是为了更好地前进，无论什么时候，销售人员都要记住这一根本准则。事实也无数次验证，销售商谈中在关键问题上先选择放弃的一方，往往也会失去对整个谈判过程的掌控，成为被动者。所以，该让的时候让，不该让的时候一定不要妥协，因为有些条件是不能拿来作为商业谈判的交换筹码的，否则会导致满盘皆输。

（2）让顾客觉得你的退让使他占了便宜。

在销售过程中，销售人员所做出的适当让步必须能够让顾客在心理上有认同感，要能让顾客觉得自己占了便宜。否则，退让就变得毫无意义了，甚至会让顾客以为这只是销售人员在例行公事，没有诚意，从而放弃购买你的产品。

（3）要掌握退让的节奏。

有些销售人员经常一次性亮出底牌，殊不知，这样的方式往往会使自己在推销过程中陷于非常被动的局面。因为，大幅度地退让，很容易引起客户的猜疑，他们会怀疑你的产品质量存在问题。所以，销售人员在退让时最好是一步步地退，不要一让到底、一让到位。

（4）退让要师出有名。

销售人员在作出妥协和让步时，一定要师出有名、有的放矢，这样，退让才会收到应有的效果。如果你完全没有理由地对客户退让，这样不仅不会赢得客户的感激，反而会使客户觉得莫名其妙，甚至怀疑起你之前开出的条件是否真的合理。

## 声东击西，转移客户注意力，淡化产品弱势

### 心理掌控要诀

古代兵书上记载：“凡战，所谓声者，虚张声势。声东击西，声彼而击此，使敌人不知其所备。则我所攻者，乃敌人所不守也。”也就是说，在战场上，声东击西是一种非常高明的战略手段。同样，商场如战场，如果销售员在销售领域中也能运用声东击西的销售策略，给客户制造假象，转移客户的注意力，一样可以创造骄人的销售业绩。

## 实战情景演练

小美是一家红酒销售公司的销售员，她在向顾客推销红酒时，往往会遵循一定的顺序：由高档到中档，最后到低档。

一天，她向一位客户推销红酒。

小美："先生，您好。我们公司的红酒分为高档、中档和一般三种类别。高档红酒是我们公司的顶级红酒，贴有传统的古典酒标，很贵气；中档红酒也相当不错，口味甜美；一般等级的红酒清新甘甜，也很好喝。我觉得您应该买这款高档的红酒……"

顾客问："高档的多少钱？"

小美："3800 元。"

顾客："太贵了，我还是买别的吧。"

小美又详细地给顾客介绍了中档和低档的价格和品质，顾客经过再三权衡，选择了中档红酒。其实，小美的真实目的就是推销中档红酒，但是她并不直接向客户推销中档红酒，而是采用转移客户注意力的方法，故意向客户推销高档红酒，使客户在拒绝购买高档红酒后，转而购买自己的中档红酒，从而达到自己声东击西的目的。

小美见自己的目的已达到，便兴奋地对顾客说："先生，您真有眼光，其实这是最明智、最正确的选择，因为在这么多种类中，这种红酒的性价比是最高的。"

顾客一听，感觉自己的确很有眼光，得意之余，也就爽快地掏钱买下了。

## 典型案例解析

案例中的小美知道客户都对推销员有一种戒备心理，如果直接向他推销高档或者低档的红酒，他会误以为你的高档是暴利，低档是品质低劣，从而拒绝购买。所以小美采取声东击西的策略，让顾客愉快地买下了中档红酒。

## 销售心理360°全解

“声东击西”策略的高明之处在于，从表面上看，销售人员是站在顾客的角度为顾客着想，而实际上是利用顾客的防范心理，来达到自己的真实目的。在销售中，千万不要让对方看出自己的醉翁之意，这样才能攻其不备，取得最终的成交。那么，在转移客户注意力，淡化产品弱势，运用“声东击西”的策略时，又该注意些什么呢？

（1）精准把握客户的购买力。

购买力决定了一个人在面对不同产品时的态度。所以，销售员在运用“声东击西”的策略之前，首先要弄清楚客户的消费能力如何。只有这样才能摸准客户的软肋，才能找准突破口。

（2）把握好推荐商品的顺序。

多数情况，人们在选择耐久性的消费品时，最看重的是产品的性能与品质，人们宁愿多花钱买贵的，也不愿意买一些质量下等、不经用的商品回家。因此，销售人员就要从低价格到高价格进行介绍或者推荐，这样能够较好地消除顾客的戒心。

但需要注意的是，并不是所有的商品都能遵循同样的顺序。比如，耐久性的消费品与不强调耐久性的消费品的推销策略就有所不同。像日用品、化妆品等对耐久性要求不高的消费品，则应从高价格开始，逐渐到低价格进行产品介绍。

# 运用“二选一”策略，让客户觉得这是他自己的选择

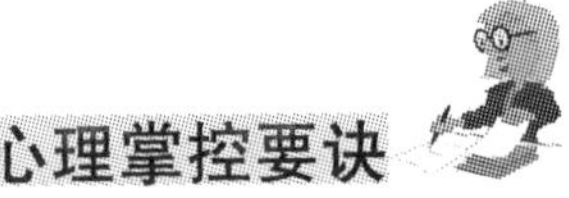

## 心理掌控要诀

所谓二选一策略，就是销售员在向客户推销的时候给客户两个现成的答案，让客户在其中选择一个。这样，销售人员每一次让客户来选择，其实质都是在逼迫客户回答：选择A还是B、要甲还是要乙。表面上是给客户选择的机会，实际上是缩小了客户的选择范围。因为从心理学上来说，当我们被问及选择A还是B时，我们常常会忘了除A和B外还有C和D，而产生一种“两者必居其一”的错觉。这样一来，主动权就掌握在销售人员手里了。

## 实战情景演练

在一条不算繁华的街上有两家卖早点的小店，两家店相隔不远、门面差不多大，因为东西都很好吃，所以，两家都有不少顾客，人来人往的生意都很红火。然而晚上结算的时候，左边这家店却总比右边那家店多出几百元钱的收入。这样，一年后，左边的小店搬到了繁华的商业区，扩大了门面变成了大店，而右边的那家还是一年前的老样子，虽然顾客不少，挣得也不少，但比起左边的店来说就差远了。

右边小店的老板韩先生非常困惑，好奇心的驱使让他在一个早晨走进了那家现在已经位于繁华商业区的早餐店。

服务员：“先生，您是要皮蛋瘦肉粥还是百合红枣粥，这两样都是我们店的特色粥品。”

韩先生："皮蛋瘦肉粥吧。"

韩先生毫不犹豫地说出口，说完之后才想起自己就是来看看，没打算喝粥啊。

服务员："那您看加一个鸡蛋还是两个鸡蛋，我们店里的鸡蛋全部都是柴鸡蛋，吃前您可以参观。"

韩先生："哦，那一个吧，我不怎么喜欢吃鸡蛋。"

服务员："好的。那主食呢，是要包子还是油条，这都是我们店里卖得最好的。"

韩先生："包子好了。"

……

通过这一段对话，韩先生终于明白过来了，自己本来没想吃的，可是服务员总是拿两个选项让他选择一个，结果他自然而然地就在两个选项中选了一个。无论是哪个选项，自己都得掏腰包。

而在他的店里，每进来一个顾客，服务员都是问"吃点什么?""加不加鸡蛋?""主食要吗?""还要别的吗?"这样顾客就可能会回答加或不加、要或不要。总之给顾客太多说不的机会，顾客消费的钱自然就变少了。

知道症结所在之后，韩先生马上让自己的服务员把问话的方式改成二选一，收入果然比以前增加了很多。

## 典型案例解析

这就是典型的二选一策略。服务员每次都给顾客两个选择，要顾客作出选择和决定，无论客户选择哪一个，对生意来说都是有好处的。也就是说无论顾客选择什么，销售人员都达到了销售的目的。

## 销售心理360°全解

“二选一”策略可以使顾客的购买欲望被激发出来，促成交易。所以，销售人员一定要掌握这种策略的精髓，让顾客在“二选一”中渐渐进入你布下的圈套，帮助你获得销售的成功。但是，销售人员在使用“二选一”策略时，也要注意以下几点，只有这样，才能让“二选一”策略真正发挥威力，促进销售的成功。

（1）注意使用的时间。

销售人员一定要注意，“二选一”策略并不适用于销售的任何阶段，而只有当销售进入最后阶段的时候，使用它才可以达到促进销售的目的。试想，如果对方尚未了解你到底要跟他沟通什么、销售什么，还未对你的产品产生兴趣，你突然问他你打算买红色的还是蓝色的、今天买还是明天买、买一件还是买两件，那么销售人员十有八九会碰一鼻子灰。所以，使用二选一的策略一定要讲究时机，只有到了成交的最后关头，到了顾客真正需要做决定的时候，“二选一”策略才能发挥效力，助你成功。

（2）注意给顾客提出的选项要合理。

提问时你不必问客户买不买，而应在假设他买的前提下，问他一个选择性的问题。但是给顾客提出的这个选项要合理，要根据之前与顾客的交流推断出顾客可能需要的东西，对顾客提出他可能接受的选项。

（3）注意语言表达。

在使用“二选一”策略时，推销人员应避免用“您购买A还是B”或“您想买X吨还是Y吨”等生硬、强制的表述，这样顾客可能会有逆反心理。你可以采用委婉一点的说法，比如，“您喜欢……还是……”或“您看今天和明天您哪天比较方便?”等，这样，才更有助于交易的成功。

# 适当沉默，让客户在压力下购买

## 心理掌控要诀

自古以来，人们都认为沉默是一种说话的艺术，尤其是在进行心理博弈时，适时、有效、恰到好处的沉默除了借题发挥、虚张声势外，也是一种威慑。因为这个时候的沉默不再是简单的沉默，而是有主动意识的、有明确目的和目标的沉默，它可以表达各种不同状态中的不同观点，帮助人们获得心理博弈上的成功。

## 实战情景演练

王红是一家大型服装专卖店的销售员。一天，一位女士来店里买一件貂皮大衣。在挑选了好几种款式后，客户终于认定要买那件豹纹貂皮大衣。当看到标价是3800的时候，这位女士有点不高兴，嫌太贵了，便开始和王红讨价还价。

女士："你的最低价格是多少？"

王红："呵呵，您看上面不是标着3800么，那就是最低价位啊。"

女士："怎么可能那么贵，我还没有还价呢，你就打算按标价卖啊？"

王红："那您给出个更合适的价吧！"

女士："3000，卖不卖？"

王红："大姐，3000怎么可能，您这价杀的也太狠了吧，就您给的这价位，我们都进不到货。"其实3000已经达到王红的目标价位了。

女士："那你说多少啊？那我再添50。就这个价了，不卖我就走了。”

王红仔细看了看客户的表情，结果她发现这位女士是真喜欢这件衣服，不会轻易放弃的。于是，王红佯装沉默，不回答客户的话。

女士见王红沉默着不说话，有点着急，便说：“好吧，我再加 100 元，你卖不卖?”

此时的王红依然沉默着，一个字也不说。女士见状，咬了咬牙说：“我再加 50 元，你不卖的话我马上走!”

王红见时机已经成熟，也超过了自己预期的目标价格，便装作很不高兴地说：“大姐，我算是服了您了，您太会杀价了。不过我相信您穿上这衣服，一定很有气质的。我给您包好吧。”

客户拿着衣服高高兴兴地走了。

## 典型案例解析

顾客在和王红杀价时，王红并没有急于和顾客杀价，而是先让顾客给个合适的价格，借此了解顾客的接受底线。当王红知道了顾客的接受底线后，便开始和她打心理战，并恰到好处地连续使用了两次沉默策略，向客户施压，最终顺利地为自己多赚得 200 元的销售额。

## 销售心理 360°全解

销售过程中，沉默也是一种促使销售达到预期目标的有效手段。所以，销售人员一定要掌握一点沉默的技巧，在“无声胜有声”的境界中，给顾客施加压力，让自己在销售过程中占据有利地位，最终以自己预期的价格成交。当然，能达到这种效果的沉默必须是一种恰到好处的沉默。这就要求销售员在沉默时要掌握好分寸，不可滥用。

（1）要把握好沉默的时机。

在销售中，什么时候该沉默，什么时候不该沉默，这是非常有讲究的。所以，销售人员一定要把握好沉默的时机，也就是要适时沉默，否则非但不能达到预期的效果，反而还可能失去一单生意。比如，当客户在开价后急着等你的答复时，如果你适时沉默，就可以给客户施加一定的压力，让她主动提价。

（2）要控制沉默的时间长短。

沉默也应该见好就收。销售人员要根据讨价还价的需要，或长或短，有目的地控制沉默的时间，要始终明白积极的沉默不是永久性的，只是暂时性的。

（3）沉默必须有计划和目的。

在销售过程中，沉默不是逃避，不是忍让，不是消极的无作为行为，而是以退为进的积极行动。沉默的最终目的就是要更有效地控制谈判局面，给客户施加压力，促成双方尽快成交。如果销售员没有一定的计划和目的，就不可随意使用沉默这种策略，否则只会让客户觉得你很冷淡。

（4）沉默要与之前的发言、举动等积极的行为结合起来。

沉默是整体销售策略中的一环、一个方面，它必须与销售人员之前的商谈、举动等对销售成功有促进作用的行为结合起来，才能发挥应有的作用。如果销售员的沉默脱离了之前的言行举止所营造的气氛，那就会让客户感到不自然，致使销售陷入僵局。

## 运用“激将法”促使客户成交

激将法，就是利用别人的自尊心和逆反心理，以“刺激”的方式，

激起对方的不服输情绪，将其潜能发挥出来，从而得到不同寻常的说服效果。在销售领域中，聪明的销售员也往往会采用“激将法”来达到自己的销售目的。当销售员在销售过程中遇到有产品需求，但是犹豫不决，拿不定主意的客户时，就可以利用客户的好胜心、自尊心，采用激将法激将他们作出购买决定，以便迅速签单，提高自己的销售业绩。

## 实战情景演练

王欢是一家保险公司的销售员，一天，他拜访了一位客户。但是客户在了解了保险产品的具体情况后，还是犹疑不决，迟迟不愿意签单。

王欢：“先生，现在很多有责任感的丈夫都会给自己的妻子和子女买保险，因为他们觉得关爱自己的妻子和儿女是自己应尽的责任和最大的光荣，为妻子和子女购买保险是对他们关爱的一种延伸。尤其是人身安全保险，它不仅是一种投资，还能体现出一位丈夫对妻子的珍惜和呵护，一位父亲对子女的关爱和照顾。我见过很多丈夫在为他们的妻子和子女购买保险时，都是毫不犹豫地签单。像您这样犹豫不决的，我倒是很少见……”

客户听了以后，说：“要不这样吧，咱们过一段时间再谈。”

王欢：“我想这不是您的真正理由！您是没有把妻子和子女放到足够高的位置，他们在您心中并不是最重要的。您要真的关心他们，就要时刻期望他们平安，而为他们购买人身安全保险是关心他们平安的重要体现。现在，您的妻子和子女都还没有购买保险，实在看不出您对他们的关爱……”

客户其实是一位模范丈夫，他在听了王欢激将的话后，便说：“那就买两份保险吧，反正为了他们我也不在乎两份保险的钱……”

王欢：“没错，那是肯定的。那么我们现在就来填一下投保书吧！”

就这样，王欢拿下了这位客户的保单。

## 典型案例解析

案例中的王欢，在面对客户拖延签单时，并没有放弃或是发火，而是巧妙地利用客户想做一个模范丈夫的心理，用“不关爱他的妻子和孩子”这一借口激将他，最终“逼迫”客户不得不立即签单。

## 销售心理360°全解

激将法是销售人员促成订单的一种技巧。它虽然能尽快促成顾客做出购买决策，但毕竟隐含着对客户的“逼迫”意味。所以，这就需要销售员在使用这种方法时要看清楚对象、环境及条件，不能滥用，并且运用时也要掌握分寸，不能过急，也不能过缓。同时，还要注意以下几个问题。

（1）触发顾客的好胜心，但不能伤害其自尊心。

在销售过程中，客户拥有成交的最后决定权。销售人员为了促成订单，可以采用激将法“逼迫”客户签单，但是必须以不伤害客户的自尊为前提。在实际销售过程中，我们经常听到销售人员用挖苦、贬损的言辞“激”顾客，其实这是不可取的“激将法”。如果销售员在销售过程中伤害了客户的自尊，不仅会导致客户不再愿意与销售员继续交易，甚至还会因“自尊问题”惹出事故。因此，正确使用激将法应该是在不刺激对方自尊的基础上，切中对方的要害进行激将。

（2）准确分析客户心理。

激将法对有些人是不适用的，这就要求销售员在采用激将法时，首先要准确分析客户心理。只有客户具有较强的虚荣心、自尊心和好胜心，才可能有效地使用这种方法。否则，将很难起到预期的效果，甚至还有可能导致一个本可以成功的销售陷入僵局。

总的来说，青年人要比中年人和老年人容易冲动，见识少的要比见识多的容易冲动；越是讲究衣着打扮的、争强好胜的、有权有势的、受人尊重的人越怕被人看不起，这样的人也容易被激将。在促成订单时，销售人员可以根据具体的客户对象，采用具体的方法去“刺激”他们。

（3）使用激将法时态度要自然。

激将法是人们最为常见，也是最为了解和最常使用的一种计谋，因此，销售员在使用激将法时如果不注意表情的配合，就很容易被客户看出来你是在“激”他，从而产生逆反心理，最终导致无法成交。所以，销售员在采用激将法促成订单时，态度和表情一定要自然。

# 第七章

## 于拒绝中成交：

### 读懂拒绝占尽先机，化解异议一击中的

在销售过程中被客户拒绝，是每个销售员都会遇到的情况。销售员要想在拒绝中成交，就必须弄懂客户拒绝的真实原因，倾听客户拒绝的真实心声，并且具备化解客户异议的销售技巧。只有这样，销售员才能在客户的拒绝中占尽先机，达到自己成功卖出产品的目的。

# 客户的异议是障碍，也是机会

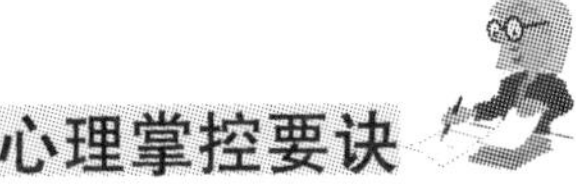


我国商界有一句经典格言：褒贬是买主，无声是闲人。意思就是说，有异议表明顾客对产品感兴趣，有异议意味着有成交的希望。通常来说，不成熟的销售员会认为客户的异议是障碍，对客户的异议无比厌烦，甚至抱有一种敌对的态度，他们常常只想走捷径，想尽快把产品销售出去，于是想方设法地忽悠客户，但结果往往让人大失所望。相反，在优秀的销售员看来，异议是销售的障碍，但同时它更是成交的机会。他们不怕麻烦，积极地排除客户的各种异议，因为他们知道，只要消除了客户的异议，就有可能达到成交的目的。

实战情景演练

在一个小型家电商场，有位顾客来到了销售员小郑的柜台前，打算购买一台音箱。他看了看小郑给他提供的音箱说明书，然后对小郑说："你的音箱是90瓦，功放却是120瓦，一点也不匹配，这不是骗人么！"

小郑说："其实，我们在描述音箱的功率的时候，说的是它的最大功率。功放机的功率描述也是这样，在一般的使用状态下，功放机的音量键就是在9~10的位置，声音已经很大了，但是实际输出功率也就是20~30瓦。音箱和功放机的功率配置应付通常情况下的需要是完全足够的，这一点请您放心。"

顾客觉得小郑说得有点道理，便说："就算你说得在理，但你这音箱的价格也太高了吧？能不能便宜点？”

小郑：“我们这都是正规的全国统一零售价。不论您在哪里买都是这个价格，不信的话，您可以看封底上印刷的统一零售价格。您也知道，外面有很多商家在价码上欺骗顾客，如原价多少、现价多少等，其实都是在玩数字游戏，今天先标个高价，明天又大降价。您敢在这样的商场买东西吗？所以，为了保护客户的权益不受侵犯，我们才作出这样的规定。”

顾客不再提什么异议了，要求小郑把音箱试一下。小郑帮助顾客插上音箱后，顾客又说：“你这个音箱怎么没有低音炮啊？加个低音炮那效果要好得多！”

小郑说：“是这样的，我来给您解释一下吧，您刚才听到的声音效果已经很好了，如果您的房间面积没有超过30平方米，再加个低音炮的话，低音就会超过合理的限度。任何频段的声音都应该恰如其分，而不能太过。而且，加低音炮的都是那些低音不是很够的套装音箱，其实，只要把主音箱的素质提高，是无须低音炮的。况且，加低音炮的话，价格也会相对提高的……”

小郑看了看顾客的表情，见顾客听得很仔细，便接着说：“您再看看音箱的颜色和外观，如果有其他问题，您尽管提出来，如果没有别的问题，我现在就给您包起来。”

顾客又仔细地看了一遍，说：“没什么问题。”

小郑说：“好，既然您没有问题了，那我就开票了，请您到那边的收银台交款！”

顾客说：“好吧！”

尽管这位顾客先前有诸多异议，但最终还是买下了这台音箱。

## 典型案例解析

案例中的小郑表现得十分出色。她知道嫌货才是买货人，所以当她面对顾客源源不断的异议时，没有退缩，也没有不耐烦，更没有应付了事，而是热诚服务，积极解答，努力排除顾客的所有异议，并用有技巧性的语言来激发顾客的购买欲望，最终顺利成交。

## 销售心理 360°全解

在销售中，如果客户没有真正的购买意向，是不会浪费大量时间提出那么多异议的。因此，销售人员不能消极地认为这是销售障碍，而要视客户的异议为成交的机会，积极解决客户提出的异议，从而扫清销售的障碍，成功签下订单。那么，销售员在处理客户的异议时，应该注意什么呢？

（1）诚恳的态度。

诚挚的倾听和热情的回应是良好态度的基本要素。面对客户的异议，销售人员心情急躁、情绪低落是正常的，但一个合格的销售人员，应迅速调整好自己的情绪，以一种宽容的态度微笑着面对客户，让客户感觉到“你明白并尊重他的异议”。因为客户只有觉得异议被重视，并且认为你会全力解决问题的时候才会和你交流，并向你说出自己的心里话。

当然，对于一些无理取闹、情绪化的异议或者客户提出的反对意见和眼前的交易扯不上直接的关系，并不是真的想要获得解决或讨论时，你只要表现出同意就好，没有必要同他争吵不休。

（2）充足的准备。

“不打无准备之仗”是销售人员战胜客户异议应遵循的一个基本原则。销售人员在走入客户公司大门之前就要将客户可能会提出的各种异议列出来，然后考虑一个完善的解决方案。销售员面对客户的异议时，如果能在事前作一些准备，就可以做到心中有数、从容应对；反之，则可能惊慌失措、不知所措，或不能给客户一个圆满的答复让客户信服。

# 去伪存真，听出客户的真实心声

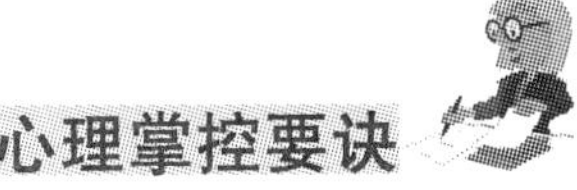

## 心理掌控要诀

销售员在向客户推销产品时，时常会遇到客户对产品充满异议的情况。这时就需要销售员对客户的异议进行解答了。但是，异议有真假，如果销售员没有仔细辨别，就无法去伪存真，得知客户异议后面的真相，这样就会使谈判陷入僵局，导致销售失败。

## 实战情景演练

小钱是一家高档茶具店的销售员，一天，她拿着自己的产品，来到一家茶馆向客户推销。但是不管她怎么说，客户都没有要购买的意思。

小钱："您好，这茶馆的生意不错嘛，来来往往这么多人。"

客户手中端着一套茶具说道："还可以吧，您这边请。"

小钱故意惊讶地说："这套茶具不错啊。"

客户："还可以吧，买太贵的也没必要。"

小钱随即拿出自己的茶具："您看我这套茶具怎么样，这是我们公司生产的新产品，物美价廉，肯定适合你们用。"

客户："看起来不错，这一套茶具多少钱啊?"

小钱："一套600元。这个价格还合理吧。"

客户："确实不错，但是我们这里不缺茶具了。"

小钱："你们的茶馆生意不错，人来人往的，难免有个磕碰的，您买几套留着有备无患啊。"

客户："我也想这样，不过很抱歉，我们真的不需要。"

小钱想了想问道："先生，您对我们的茶具、价格、款式没什么异议，那您对哪些方面不满意啊？还是我没有介绍周全？"

客户："你们公司的产品信誉如何啊？有没有质量认证证书？"

小钱："当然有啊，我们公司是通过国家认证的正规生产商，这是我们的产品认证证书。"

客户看完之后好像放心了很多，于是说道："那好吧，你先给我留三套，我先试试看。"

## 典型案例解析

小钱在遭到客户的拒绝后，并没有立即放弃客户，而是努力从客户拒绝购买的原因中寻找真正的理由，当她发现客户说不需要是伪理由，对产品质量不放心才是真理由时，立即拿出产品质量认证证书打消了客户的异议，使销售获得了成功。

## 销售心理 360°全解

当客户对产品有偏见时，销售员应该及时了解客户的意见，得知他们的真实心声，切不可胡乱猜测，以免引发客户的误解。那么，如何才能得知客户的真实心声呢？

（1）仔细倾听。

有时候，客户会出于某种顾忌，不肯说出真实的想法，而是用别的伪异议应付销售员。此时，销售员就要仔细倾听客户口中的异议，并且根据产品自身的情况过滤掉客户口头上的伪异议，深层次地了解客户内心的真正异议，只有这样，才能得知客户的真实心声。

（2）巧妙引导。

有些客户比较固执，无论销售员如何卖力地推销产品，他们都不为所动，只是一味地拒绝。此时，销售员就要学会巧妙地引导客户，引导他们把心中真正的想法说出来。只有这样，才能找到异议后面的真相，并对症施药促成交易。

## 客户用“你们价格太高，我买不起”拒绝怎么办

### 心理掌控要诀

销售员在推销产品的过程中，常常会听到客户说“你们的产品价格太高了，我买不起”这样的话，其实这并非是一种拒绝，有经验的销售员往往会把这看成是一个积极的信号。因为在销售员看来，客户既然说出了这种话，就代表客户实际上已经接受了除“价格太高”这个因素之外的其他各个方面。所以，如果销售员能紧紧抓住这个成交信号，采取适当的策略进行推销，那就很有可能拿下客户的订单了。

### 实战情景演练

一名客户去一家百货商场买电风扇，当他挑选了一台自己非常喜爱的电风扇后，却发现价格有点高。

客户：“哎呀，你们这里的电风扇怎么这么贵啊，价格这么高，我都买不起啊！”

销售员小海在听了客户的抱怨后，微笑着说：“先生，没错，您说得对，一般客户在刚看到这个价格时都认为价格有点高，即使是我也不例外。但您一旦使用就会发现，这个牌子的电风扇经久耐用，质量非常好。

您要是买一台质量差的，以后的维修费可能就可以买几台这样的电风扇了。所以，相比之下这种电风扇的价格并不贵，您觉得呢?”

客户听了小海的话，觉得挺在理，就掏钱买下了。

## 典型案例解析

案例中的小海在听到客户嫌价格过高的话时，并没有急于去否定客户的说法，而是先表示与客户有相同的看法，使客户感受到自己得到了对方的理解和尊重，这自然也就为小海的下一步“反驳”铺平了道路。一般客户都明白“一分价钱一分货”的道理，所以当客户得知电风扇价格高是因为质量好的缘故时，也就不再有异议了。

## 销售心理360°全解

由于客户都有杀价的习惯，所以销售员在面对客户嫌商品价格太高时，不能一味地降价，应该在坚持自己心中的价格底线的基础上，通过一些行之有效的策略与客户谈出一个既能让客户满意又能实现自己利润最大化的价格。那么，销售员应该采取哪些策略来应对客户的“你们价格太高，我买不起”的杀价行为呢?

(1)“先顺后转”策略。

“先顺后转”其实就是销售员先肯定客户的说法，然后再用事实或事例委婉地否认或纠正客户的错误说法，其基本句型是“是的……但是……”。采用这种方法最大的优点是可以与客户保持心平气和的谈话氛围。相反，如果客户一提出价格方面的异议，销售员就立即反驳：“你错了，好货不便宜，这都不懂吗?”如此一来就很容易伤害客户的自尊心，甚至激怒客户，导致销售失败。

(2)“最小单位”策略。

所谓“最小单位”策略，就是报价时应该尽量采取最小的计量单位，这样可以使客户心理上产生一种错觉，感到价格不贵，从而容易接受。

（3）“时间细分”策略。

除了按照最小单位进行细分以外，我们还可以按照时间单位进行细分，同样可以达到让客户感觉价格差距实在是微不足道的奇妙效果，这就是“时间细分”策略。

比如一件高档商品价格比一般商品贵365元，365元的价格这个“大差距”容易使客户感觉商品特别昂贵。但是，高档商品比普通商品可以多使用10年，按天细分，则仅仅每天多支付1角钱。经过如此细分，一个较大的价格差距就变成了一个微不足道的价格差距，客户仅仅多花了一点钱就得到了理想中的高档商品，自然就更容易接受了。

（4）“属性归一”策略。

一般来说，客户总喜欢把我们的产品和竞争者的产品价格放在一起比较。当客户无意识地以不同属性来比较价格时，我们要做的就是首先找到一个相同属性的比较基准，再把价格归到这个相同的价格基准上，即“归一”，最后进行比较，哪个高哪个低就一目了然了。

## 客户用“我没时间”拒绝怎么办

### 心理掌控要诀

销售员在推销产品的过程中，常常会遇到客户说“我很忙，没有时间”这样的场景。销售员要明白这并不意味着我们的销售就没有希望了。聪明的销售员此时会通过自己的努力想尽各种办法来为客户创造时间，同时也是为自己争取见到客户的机会。

## 实战情景演练

小郭："郑总，您好，我是××公司销售员小郭，您现在方便说话吗?"

郑总："什么事，你说。"

小郭："我知道您目前很需要一批电子产品，根据您的实际需求，我特意准备了一套实施方案……"

郑总："我现在很忙，等下个月吧。"

小郭："郑总，我知道您工作很忙，也非常了解您作为负责人的辛苦，但是这件事情如果您稍有拖延，恐怕会影响贵公司的盈利啊！我只需要占用您10分钟时间，而这10分钟给贵公司带来的价值可能是不可估量的。我知道您很忙，但是我相信您一定能挤出10分钟时间，您觉得呢?"

郑总："我现在确实有事，你下个礼拜再打电话来找我吧。"

小郭："郑总，要不这样吧，我们干脆现在就敲定一个时间如何？您看您是星期一早上10点方便？还是星期二上午比较好?"

郑总："我也想立刻敲定时间，但我不能确定星期一我会不会临时去外地出差。"

小郭："这样吧，郑总，我们现在先确定一个时间，如果您临时有事，我们到时再改，您看可以吗?"

郑总："那就星期二上午吧!"

小郭："好的，谢谢您为我牺牲您宝贵的时间，我到时一定准时去拜访您。"

## 典型案例解析

在这个案例中，虽然客户以自己没时间为理由对小郭百般推托，但小郭并没有轻易放弃，他凭借着自己灵活的头脑和机敏的反应，巧妙地运用各种方法来为客户创造时间，最终成功地约到了客户。

## 销售心理360°全解

那么，销售员如何才能巧妙地为以没时间为借口拒绝自己的客户创造时间，而又不让客户反感自己呢？

（1）用利益吸引客户。

没有人不对自己的利益感兴趣。所以一开始先用利益来争取到客户的注意力，不失为一个明智的选择。比如，销售员可以这样说："如果我给您提供的产品不能帮您节约成本、带给您可观的利润的话，我是不会联系您，浪费您宝贵的时间的，我保证我们的谈话不会让您失望，您看您哪天比较方便，明天还是后天呢？""王总，我们忙是为了把企业做得更好，是为了在有限的时间里忙出最大的价值，您说对吗？您只要花很短的时间听听我的建议，就可以了解到以最小的投入获得最大的效益的方法，您看这不是更好吗？"

（2）先对客户没时间表示理解再进一步说服。

每个人都希望自己的话语或者意见能被他人接受和肯定，所以，当客户对我们说自己没有时间的时候，我们不妨先肯定客户没有时间的说法，对他表示理解和支持，这样做能够让客户感受到我们对他们的体谅，拉近我们和他们的心理距离，然后我们再在此基础上进一步劝说客户，这样更容易使其接受。

比如销售员可以这样说："我也知道您非常忙，因为您是一位有事业心、热爱工作的成功人士。我拜访您的目的是想为您的工作锦上添花，向您介绍一款能够为您的工作带来很大便利的产品。我想，您稍微花点儿时间来了解让您的工作更有效率的方法一定不是坏事，您说呢？""是的，我知道您很忙。作为一个企业的负责人，每天都有很多事情等着您去处理。我这次与您通话正是为您带去一些更高效的管理方法，我相信这一定会对您有所帮助的……”

# 客户用“我没钱”拒绝怎么办

## 心理掌控要诀

销售员在向客户推销产品的过程中，常常会遇到客户以“我没钱”“预算已经用完”等借口来拒绝自己的情况。其实，很多时候客户说“我没钱”，并非真的没有钱，而是把这个当做借口，真正的目的是不想购买产品或者想压价。要解决这个问题很简单，只要我们能抓住他们的心理，采取一些巧妙的方法去化解他们的心理异议，就能让客户从“没钱”变“有钱”，最终达到成交的目的。

## 实战情景演练

大力是一家保险公司的保险销售员，一天，他向一位客户推销保险，话还没有说几句，客户便用“我没钱”回绝了他。

客户：“对不起，我没钱。”

大力：“王先生，我可不相信您没钱，不过反过来说，如果您真的没钱，那才更应该购买保险呢，钱多多买，钱少少买，总不能因为没钱就连基本的保障都不要吧?”

客户：“可我的资金确实挺紧张的，没那闲钱去买保险。”

大力：“呵呵，王先生，现在经济不景气，很多人都感到资金紧张，可为什么我们保险公司的业绩不降反升，这正是因为大家看到了转移风险的重要性，所以我觉得您还是不要因为资金紧张而忽略了保险的好处。”

客户：“也是。”

大力：“王先生，您要知道，保险可不是用‘闲钱’买的。生活中有很多不可预料的因素，保险不仅能保证我们自己具备抗风险的能力，而且它还是一种投资工具，年终可以得到分红，投保期满还可以有一笔可观的收入等。所以，抽出一部分资金买点保险是有必要的，我给您介绍一下我们公司新推出的一份保险套餐，好吗？”

客户：“好吧，那你给我说说吧。”

最后，客户签下了保单。

## 典型案例解析

案例中的大力在遭到客户的“我没钱”的拒绝时，先是恭维客户，肯定客户是个有钱人，在满足了客户的虚荣心后，再通过认真地对客户讲解保险的重要性，最终打动了客户，使客户下定决心签单。

## 销售心理 360°全解

销售更多的时候其实是一场心理战，当销售员被客户拒绝时，就应该做好打心理战的准备。只有精准地把握了客户的心理，知己知彼，才能在客户的拒绝中扭转局面，获得自己想要的结果。那么，销售员应该如何面对客户“我没钱”的拒绝呢？

（1）在拒绝中正确引导客户。

当销售员遭到客户的拒绝时，不能不知所措，更不能同客户争辩或者对客户失去热情，应该学会正确地引导客户，让客户接受自己的意见。

比如，销售员在推销保险时，客户说“我没钱”，销售员应该热情地说：“先生，保险不是奢侈品，而是一种必需品，事先做好计划就可以保障未来的基本生活。如果您现在身体健康、收入稳定都觉得没钱，万一发生意外岂不是更没有任何保障了？越是觉得没有钱，您就越要为将来着想啊！”

（2）在拒绝中找出客户拒绝的原因。

销售员被客户拒绝后，不能冷淡客户，而是要通过仔细倾听客户的话语，积极地从他的话语中探知其拒绝的真正原因是什么。在得知他拒绝的真正原因后，再对症施药，努力说服他签单。

比如，客户拒绝的原因是因为现在经济负担重，不想花闲钱买保险，销售员应该说：“您说得都很正确。说实话，我原来也有跟您一样的想法，可是后来我发现，我们现在有固定的收入，都依然感到负担很重，试想，一旦家庭缺少了保障，断了经济来源，情况岂不是更可怕？保险就是把不可预测的大额风险转化为现在的小额日常支出，而现在的小额支出对您来说是微不足道的。”

## 客户说“我需要和××商量一下”拒绝怎么办

### 心理掌控要诀

销售人员在推销产品的过程中，常常会碰到这样的客户，面对销售员推销的产品，他们并没有提出什么异议，但销售员在提出成交的要求时，他们却说需要和别人商量一下，这个人可能是他们的配偶或事业上的伙伴等。这时，销售员必须随机应变，正确把握客户的心理，让客户的意识朝着自己期望的方向发展。只有这样，才有成交的希望。

## 实战情景演练

赵刚是一家保险公司的销售员，一天，他碰到了一个很谨慎的客户，经过再三讲解后，客户终于同意购买他的保险了。可就在将要签单时，客户却突然变卦了。

客户："小赵，我个人完全能接受你这份保险计划，但是这笔保险的金额不小，我需要回家和老婆商量一下。"

赵刚得知客户突然变卦后，并没有表现出不高兴的样子，而是依然热情地说："张先生，我明白了。您的意思是不是这样，这个方案您自己完全同意，如果您太太也同意的话，您就可以确定下来了，是吗?"

客户："嗯，没错，是这样的。"

赵刚："张先生，我觉得您是在故意为您太太制造一道难解的题。"

客户："你这话怎么理解呢?"

赵刚："您也知道，这份保险是人身意外伤亡保险，当您发生意外或不幸时，保险公司会为您支付足够的治疗费用和家庭保障费用。如果您让您太太来评价这个计划，她当然会左右为难。说好吧，她是受益人，而受益的前提是您遭遇不幸，这当然不是她希望看到的；说不好吧，万一将来真的发生什么，却因为自己没有赞成投保而得不到保障。所以说，让她做决定其实是给她制造了一个大难题。"

客户："这个呢，我确实没有想到。"

赵刚："其实，您签订这份保单，并不是为了自己，完全是出于对妻子和家庭的责任，您爱这个家，所以想为这个家建立全方位的保障。当您拿着保单交给您太太的时候，她一定能体会到您深深的爱，她感动还来不及呢，更别说反对了，您说是不是?"

客户："你说得有道理，那我就签了吧。"

## 典型案例解析

案例中的赵刚在遭到客户的突然变卦后，并没有恼火，而是选择澄清并确认客户拒绝的真正原因，然后声情并茂地向客户说明他的太太在面对投保抉择时可能产生的心理矛盾，从而暗示客户不应该将是否投保这样的难题抛给太太，激励客户自主作出决定，促使其签单。

## 销售心理 360°全解

客户说“我需要和××商量一下”，如果第三方是客户的合作伙伴，销售员不仅应该邀请第三方共同商议，甚至还可以向客户索取第三方的电话或地址，让你有机会直接做第三方的思想工作。如果销售员想拜访第三方的话，还需要注意以下几点。

（1）和对方的团队建立良好的关系。

在和第三方进行交流的时候，销售员可以运用“我们”“咱们”和“小组”这样的说法。这样可以让潜在顾客感觉你们是站在他这一边的，并且能使你和他所在的团队建立良好的关系。

比如，“我们什么时候能开会讨论?”

“那小组下次开会是什么时候？我希望能到场。这很重要，因为大家肯定会提一些问题，应该由我来回答。”

“我应该做些什么，才能参与决策小组的讨论?”

（2）重新向真正的决策人做一遍产品介绍。

如果你想让买卖成交，就应当重新向真正的决策人做一遍产品介绍。如果你让潜在顾客去向第三方解说，你就必须保证潜在客户非常认可你的产品，并愿意同你合作。否则的话，还是自己亲自前去拜访真正的决策人比较好。

(3) 最好能安排一个所有决策者都参加的会议。

要尽一切可能安排一个这样的会议。你可以给出几个可行的时间，让对方选择。在时间上提供尽可能多的选择能够让你有更多回旋的余地，增加你参加决策者会议的可能性。

## 客户用“我考虑考虑再说”拒绝怎么办

很多销售员常常会遇到这样的情况，自己辛辛苦苦、仔仔细细地向客户介绍完产品后，客户却用一句“我考虑考虑再说吧”来回绝我们。没有经验的销售员会误以为客户是真的有意购买，只是现在还没考虑成熟，并且真的留时间让客户考虑。

其实，客户的“我考虑考虑再说吧”相当于“我并不想购买你的产品，请你赶快走人吧”，这是一种委婉的拒绝。销售员如果任其考虑下去，他们是永远也不会购买的。因此，销售员在面对这种情况时，就要彻底打消客户的拒绝念头，然后趁热打铁，快刀斩乱麻，引开话题，千万不要在时间上拖延，不然很难达到成交的目的。

### 实战情景演练

张强是一家房地产公司的销售员，这家房地产公司不仅在报纸电视上刊登广告，还经常指派销售员上门推销。

一天，张强打听到一位客户还没有房子，依然租住着别人的房子，便去这位客户家推销房子。当张强向客户讲解了所有的购房程序和房型后，客户说："能有个完完全全属于自己的家再好不过了，只可惜手头太紧，最好还是等存够了钱再买。我再考虑考虑吧。"

张强："先生，你可以用分期付款的方式购房，交了首付以后就比较轻松了。"

客户："我再考虑考虑吧，说不定过一段时间，房子的价格还会下跌呢！"

张强深深了解客户的心理，于是他展开了自己的攻势。首先，他把向金融机构贷款的方法及资金周转的方法等资料提供给客户作参考。

张强："您的想法我十分理解，的确，只有少部分经济宽裕的人才能说买就买。但是，以我过去的经验来看，买房子只靠存钱是不行的，要从资金周转和付款方式上想法子才行，您看看这些图表……"

张强又拿出一些经济增长率的预测、房价上涨的预测、工资上涨的预测、物价上涨的预测的图表给客户看。

等客户看完后，张强说："从这些图表中您可以看出，存钱的速度无论如何是赶不上物价、房价等的上涨速度的。所以，您的考虑是多余的，买房还是要趁早啊。"

客户听了张强的这番分析，觉得很有道理，于是便和张强商议起买房的具体事宜了。

## 典型案例解析

当客户再三对张强说“我考虑考虑再说吧”，张强也知道这是一种拒绝的表示，是想告诉他“我并不想购买你的房子，请你赶快走人吧”，但张强并没有轻易放弃，而是积极地从客户的话语中了解客户的心理，然后对症施药，帮他仔细分析买房要趁早的原因，最终使客户同意购买房子。

## 销售心理360°全解

客户说考虑考虑，并不意味着销售的失败。这时候，销售员要能够听出客户的言外之意，了解客户的心理，不要留时间让客户考虑，更不能在这种异议面前退缩下来。此时最好的办法就是利用“让我考虑一下”这句话，见招拆招，充分发挥自己的韧劲，用你的三寸之舌“搞定”他。

（1）巧用语言说服客户。

当客户用“我考虑考虑再说吧”来搪塞销售员时，销售员就应该努力抓住时机，用独到有技巧的语言来说服客户。下面三种说话方式都是可以利用的武器。

①“先生，与其以后再考虑，不如请您现在就考虑清楚作出决定。既然您那么忙，我想您以后也不会有时间考虑这个问题的。”

②“既然您能花时间考虑一下，就说明您对我们的商品感兴趣，对此我感到非常高兴。不过，您所要考虑的究竟是什么呢？您可以说出来，看看我能不能帮您解决？或者您是不是对自己的判断还有所怀疑呢？那么让我来帮您分析一下，以便确认。”

③“或许是因为我说得不够清楚，以至于您现在无法下决心购买。那么请让我把这一点说得更详细一些以帮助您考虑，我想这一点对于您了解我们的商品有很大的帮助。”

（2）把握准潜在客户。

销售人员要在谈话过程中用心体会客户的语气，以此确定客户是否真的想购买。如果客户根本不想购买，或者客户没有购买的需求，销售员也就不必在价格问题上苦苦纠缠。对于一个根本不想买东西的客户来说，就算你把价格降到低于成本，他的回答还是只有一句：我考虑考虑再说吧。

# 客户用“我不需要”拒绝怎么办

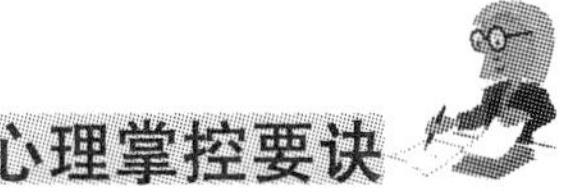

## 心理掌控要诀

销售员在推销产品的过程中，经常会遇到客户拒绝，他们拒绝时往往会说“我不需要”这类最常用的托词，如果销售员对客户的话信以为真，或是感觉受到了打击，转身离开的话，那就大错特错了。其实，客户的需求和兴趣是可以通过销售员的进一步努力开发出来的。

## 实战情景演练

小杨是一家保险公司的销售员。一天，他向李女士推销产品时，李女士当场就拒绝了他。

李女士：“我不需要。”

小杨：“李女士，您说您不需要买保险，您是打算用自己的力量来解决可能出现的风险问题吗？”

李女士：“是的，过去不都是这样吗？”

小杨：“我听我父亲说，过去没有保险的时候，谁家有了病人，要么靠单位补助和救济，要么找亲戚朋友借钱。一个办公室的同事自发搞一个互助金，从每个人工资里每月扣五元，关键时刻拿来帮助有困难的家庭解决燃眉之急，是这样吧？”

李女士：“差不多吧。”

小杨：“其实，那个互助金的形式就是一种原始的保险雏形。那时没有保险，只能通过单位救济或者私下里相互拆借勉强渡过难关。自己解决风险损失问题，往往很难有这样的经济能力。比如，我大伯家的孩子得了重病，家里钱花光了，大伯找到我家借钱，我爸便把家里的积蓄都借给了大伯，为此，我妈不高兴了，说如果娘家万一再有个啥急事，拿什么去支援？那天我和我哥哥提起这件事，我哥反应很快，马上答应买保险，说今后手足情归手足情，尽量别相互找经济上的麻烦，弄不好还伤感情。李女士，您说我哥说得是不是有点道理呀？”

李女士：“没错，谁攒点钱都不容易。不借没良心，借吧又不舍得。”

小杨：“就是。其实张口跟人借钱也是挺没面子的事情。您说不需要保险，主要是还不太了解保险里面的事情。我问您一个问题，是存款的人更需要银行还是想借钱的人更需要银行？”

李女士：“当然是想借钱的人，我当初做生意需要钱，就是从银行贷来的启动资金。”

小杨：“您想想。如果没有包括您在内的成千上万的存款人往银行里存款，您能贷出款吗？其实，保险和银行的运作模式差不多，成千上万的人通过购买保险，把保险费存在保险公司，这就相当于在银行存款。保险公司动辄几十万上百万的客户，相互帮助起来，那力量就大了。放着这么好的制度您不用，非要自己解决风险问题，您觉得哪个更有谱呀？”

李女士：“这个，这个……”

小杨：“所以，如果您买了保险，那您就可以放心从容地应对将来生活中出现的风险。李女士，您认为在这种毫不设防的状态下做事业、过日子踏实呢，还是通过保险把风险管理起来再全心做事业好呢？”

李女士：“当然事先准备好。”

小杨：“做任何事情，我们都讲究借力。比如，交通工具解决速度问题，电话解决通信问题，医院解决看病问题，银行解决存贷款问题，保险解决风险问题。其他工具您都认可并早就使用了，怎么能偏偏对保险弃而不用呢？莫非保险什么时候得罪过您？”

李女士：“没有，没有。你说得对，我还真要考虑买保险了。”

最终，在小杨的一番努力下，李女士签下了保单。

## 典型案例解析

案例中的小杨在面对客户“我不需要”的借口时，并没有放弃，而是巧妙地通过与客户的进一步交谈，帮助客户对比了买保险与不买保险的区别，让客户意识到买保险能够给自己带来的好处，从而创造出客户的需求，并最终签下保单。

## 销售心理360°全解

在销售的过程中，销售人员碰到客户拒绝的可能性远远大于销售成功的可能性，许多时候，在洽谈刚开始，客户就以“我不需要”拒绝了你，此时销售员如果对客户的话信以为真，或是感觉受到了打击，转身离开的话，那就大错特错了。世界上的任何需求都是创造出来的，说自己不需要的人往往是极好的准客户。他们不是不买我们的产品，只是不明白我们的产品能够带给他们多大的好处，没有意识到自己对产品的需求。所以，在遇到客户拒绝时，首先就要通过巧妙的询问探知客户属于什么类型的人，然后再选择恰当的推销方式进行推销。

（1）才高八斗的客户。

跟这样的客户打交道，当他对你的产品说不需要时，我们可以以一种学习的心态，向他学习他事业成功的经验。在交谈的过程中，可以巧妙地询问他，不需要书籍，是否需要服务；不需要服务，是否需要人脉，等等。

（2）不认同产品价值的客户。

当他们对你说“不需要”时，那是因为他们仅仅草草地看了几眼你的产品，并不认同，以为你的产品跟别的产品没什么区别。这时候就需要你在很短的时间里把自己产品的独特的一面介绍给他们。只要客户认识到了这一点，生意就很容易做成了。

（3）没有购买能力的客户。

当他们说不需要时，销售员就需要通过一种含蓄的语言去探究客户拒绝的原因，如果真正的原因是客户的购买力达不到，销售员此时就不应该强人所难，最明智的方法就是果断放弃。因为不可能每个人都是准客户，总有一些客户要被否定掉。

# 第八章

## 巧报价才能卖得好：抢占终端，撬动八倍利润

俗话说“报价赶巧不赶早”，在销售过程中，销售员要想自己的产品卖个好价钱，就必须在讨价还价中处于主导地位，掌握主动权。这样才能抢占终端市场，实现利润的最大化。

# 一定要给顾客讨价还价的机会，让其产生成就感

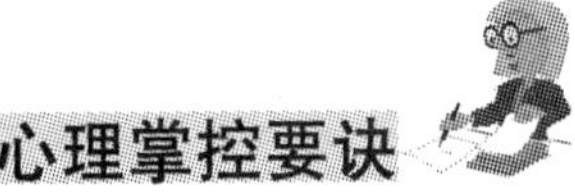

## 心理掌控要诀

客户在购买中的心理是这样的，他们既想得到最有价值的商品，同时又希望通过最低的价钱来购买。所以很多客户在购买产品时都喜欢讨价还价，总认为销售员开的价钱太高，不是自己心中理想的价位。面对这样的客户，销售员一定要给客户讨价还价的机会，让他从中找到成就感和满足感，这样客户就会认为本次交易是成功合理的。

## 实战情景演练

一对夫妇在一家钟表店看到一张广告，一座古式挂钟被用来当做背景，看上去整体气氛非常优雅古典。

太太："你看这古钟看上去多美，正是我喜欢的复古风格，如果挂在咱们家的走廊上或是大厅中，那就再好不过了。"

先生："是呀，我也觉得不错，这个放在家里给人的感觉就不一般，只是不知道价钱多少，广告中并没有提到钟的价钱。"

这时，有一位销售员笑盈盈地走过来，亲切地问道："请问两位是对广告上的古钟感兴趣吗？我们店里有实物，二位不妨仔细看看。"

太太笑着说："好啊，我们正想找这个呢。"说着销售员就把他们带到了这款古钟前。

看了之后太太很高兴，对先生说："哎呀你看你看，这个跟广告上的一模一样，确实很有感觉。"

先生："是啊，这个大小也比较合适，如果放在走廊里，咱们家就很完美了。"

销售员："二位眼光真好，这算是这里最贵的一座挂钟了。"

太太："那得多少钱啊？"

销售员："不多不少，打折之后正好800元。"

太太："这么贵啊，我们预算在500元左右呢。"

销售员："哦，太太，这个钟确实很好看，质量也很好，又是现在流行的复古风格，是值这个价钱的。"

这时，先生对太太说道："800元还是贵了些，我们不是说好超过500元就不买的吗？"

太太："是啊，那500元你卖不卖？"

销售员看他们这么喜欢，就说："太太，这个钟确实很不错，它肯定是值800元的，既然二位这么喜欢，那您再出个价吧，500元实在不行。"

太太说："那550元怎么样，只能550元了，已经超出我们能接受的范围了。"

销售员露出无奈的表情，笑了笑说："那好吧，看二位这么有诚意，我就忍痛割爱，550元给你们好了。"

太太一听非常高兴，对先生说："还不错吧，就超出了50元，也算值了。"

## 典型案例解析

案例中看上去是销售员在让利，其实这个价钱对销售员来说是非常合理的。但销售员给了顾客讨价还价的机会，而且是用顾客自己提出的价钱最后达成交易，这样在顾客心理就产生了一种成就感，还认为是自己赚到了。

### 销售心理360°全解

面对客户的购买心理，销售员在销售过程中作出适当的让步，给客户讨价还价的机会很有必要，因为客户需要从中得到一定的成就感和满足感。但是，在这个过程中销售员需要注意一些问题，不能一味作出让步，更不能为了讨好客户而丢失自己的底线。

（1）开价要适当调高。

销售员如果准备和客户讨价还价，首先就要把价位提高一点，为客户的砍价做好铺垫。这样一来不仅可以防止客户还价太多而失去了该赚的利润，还能显示出自己产品的价值。

（2）不要轻易作出让步。

销售员一定要对自己的产品充满信心，并且在价格谈判的过程中不要轻易作出让步，而是要先让客户感觉到这个商品是物有所值的。这样就会在一定程度上提高客户对商品的价值定位，有了这个定位之后，客户再还价就不会太离谱了。

（3）最好以客户提出的价格为最终成交价。

经过之前的铺垫、暗示，客户对商品已经有了初步的定价，这个时候再经过几次三番的讨价还价，销售员就可以以客户开出的价钱为最终成交价，让客户获得成就感了。

## 开价要高一点，为降价预留空间

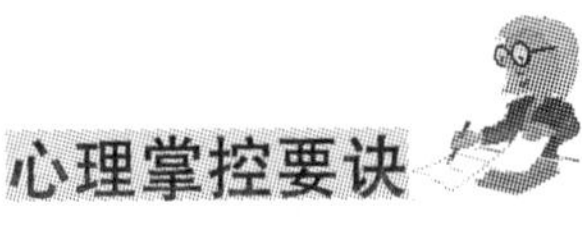

### 心理掌控要诀

在销售过程中难免会遇到讨价还价的客户，既然讨价还价无法避免，销售员就要把开价定得高一点。这样，销售员在讨价还价中才能拥有更大的空间和回旋余地，使自己在整个交易中占据主动权，从而达到高收益的成交结果。并且，这样也能给客户带来一定程度的满足感，让客户对此次交易表示肯定。

## 实战情景演练

莉莉的服装生意做得红红火火，隔壁店的老板小芳羡慕得不得了，她也想学莉莉做点服装生意。于是，她来到莉莉的店里实地取经。

一天，一个女顾客看好了一件标价698元的风衣。

客户拿着衣服问莉莉："老板，你这风衣怎么卖?"

莉莉："这上面有标价，698元。"

客户："老板，你这风衣太贵了，便宜点吧，450元我就买!"

莉莉："这可不行，我们原本是标价不打折的，您开的价太低了。"

客户："老板，这件衣服我在其他店也看到过，400多元就卖了。"

莉莉："别家店400多元就卖了，那质量肯定和我这不能比，而且他们肯定没有搭配围巾。您既然已经比较过，自然能看得出来我们的区别，这样吧，您再添130元！580元，咱们大家都图个吉利!"

客户："老板，我还是觉得太贵了，500元吧，500元您卖我就拿着!"

最后，经过一番讨价还价，这件风衣以530元成交。

当这位顾客走到收银台买单时，发现自己的钱不够，只剩下480元了，于是她对莉莉说："不好意思，老板，我可能不能买了，现金没带够，并且我也没带卡。"

莉莉："哦，那您现金还有多少?"

客户："全部加在一起也就只有480元了，还要打车回去。"

莉莉："那……那就450元吧，给您留点钱打车，我也就赔点钱卖给您了。"

客户："真的！老板你人太好了。太谢谢了，我很喜欢这件衣服呢。"

莉莉："算是给我开张了。我是看您实在喜欢这件衣服才卖给您的，以后您可得常来。"

就这样，那个女顾客兴高采烈、满脸堆笑地走了。

顾客离开以后，莉莉对小芳说："看到了吧，这就是讨价还价的智慧。这件衣服进货不到200元，能卖到这个好价钱。"

小芳说："哦，我懂了，你是故意把价钱开得很高，然后再慢慢来讲价。谁也没想到价钱会这么悬殊。"

## 典型案例解析

店老板莉莉一开始就把价钱开得很高，这会让客户觉得这件衣服比其他店里的更有价值，给客户一种信赖感。并且，莉莉开出的足够高的价格也给客户后来的讨价还价预留了足够的空间，纵使客户几次三番地砍价，老板也能从中得到比较高的利润。

## 销售心理360°全解

美国政治家亨利·基辛格曾经说过："谈判桌上的结果取决于你的要求夸大了多少。"在销售中，将定价提高些，留下讨价还价的空间，是一种讨价还价的智慧，如果运用得当，它将给销售员带来丰厚的利润。

（1）高价会让你的产品看起来有更高的价值。

如果进价相同的两件产品放在一起，一件要价150元，一件要价1500元，恐怕无论是谁都会对后者刮目相看。这是因为，有些时候，并不是价值决定价格的。

（2）开高价可以给你留下一定的谈判空间。

无论你向顾客开出什么样的价格，他都会认为你赚了他的钱。所以必然会出现讨价还价的过程。如果你索要的价格远远超过你预期的售价，那这个价格就有了更多的伸缩性，你就有了更大的回旋余地。

（3）开价高是让顾客心理获得满足感的一种方式。

顾客在购买商品时，如果能因为自己的坚持和努力砍掉部分价格，在他认为的合理价位成交，那么顾客的心理就会产生愉悦和满足感，认为自己成功节省了开支，并从中肯定自己的判断力和沟通能力。

## 永远不要接受顾客的第一次开价或还价

### 心理掌控要诀

永远不要接受顾客的第一次开价或还价。销售员如果轻易就接受顾客的第一次开价或还价，反而会让顾客产生怀疑。一方面，在人的潜意识中，都认为得到某种东西都是要有所付出有所努力的，太容易得到，会让人怀疑自己是否中了圈套，进而产生警惕的自我保护；另一方面，对方看到你轻而易举就答应了，就会认为价钱还有可以退让的空间，从而得寸进尺地向你逼近。

### 实战情景演练

客户老张在一家房地产公司担任总经理，有一天，一位杂志社的广告推销员来到老张的办公室，向他推销他们杂志的广告空间。老张非常熟悉那家杂志，也知道这种广告宣传是比较有益的。所以他决定在这家杂志上刊登广告。

老张问推销员：“我看过你们的杂志，广告还挺多的。如果我在上面刊登广告，你的报价是多少呢？”

推销员说：“价钱非常合理，只需要1万元。”

其实老张也觉得这个报价是非常合理的，可是他还是砍价了：“由于我们公司现在的状况不太理想，我只能出8000元。”

推销员并没有拒绝，一口答应了。

这时老张又有些犹豫了，他想道：“这么爽快，看来我开的价还有往下压的空间。”

于是老张开始运用“更高权威法”，他告诉销售员：“这样吧，这种事情我不能一个人做主，必须先征求一下管理委员会的意见。我今天晚上召开一个会议，把事情告诉他们，然后再给你最后答复。”

几天以后，老张给那位推销员打电话，告诉他：“这件事情确实让我太尴尬了，本来我以为完全可以让管理委员会接受8000元的价格，可他们一致表示反对。最近的支出预算很少，很多事情都不好办。他们给了一个新的报价，只能5000元。”

电话那边沉默了好长一段时间，然后传来一个声音：“可以，就这么定了吧。”

就在那一瞬间，老张突然有一种被骗的感觉。他想这个销售员的底线到底是多少呢？虽然他已经把价格从1万元谈到了5000元，可老张仍然相信自己完全可以把价格压得更低。

## 典型案例解析

案例中的销售员竟然随意答应客户的第一次还价，这让客户有种“还可以得寸进尺”的感觉，导致客户延缓了这次交易，而找借口再次把价格压低。虽然客户占到了很大的便宜，但他始终觉得自己被骗了，觉得价格还可以更低。而销售员在交易中不敢还价，结果却没有得到任何好处。

## 销售心理 360°全解

在销售中，常常有一些销售员担心客户跑掉而失掉交易机会，所以就轻易地接受了客户的开价或还价，这样是非常危险的。销售员千万不要接受客户第一次开价或还价，如果客户第一次开价或还价你就接受了，客户就会多想，是不是产品有什么质量问题要急于出售？价格是否可以再次压低？如果让客户产生这种想法，那么销售员在交易中就会处于被动地位。

（1）对自己的产品足够自信。

销售员在和客户谈到价钱问题时，首先要对自己的产品足够自信，对于对方的第一次还价坚决予以回击，让客户明白自己的产品是值这个价钱的。这样客户的还价就会有所保留，不至于信口开河，还出离谱的价钱来。

（2）注意拒绝时的语气。

销售员在拒绝客户第一次开价时要注意方式，切记不能太生硬，也不能直接说不能还价，而是应该尽量保留客户还价的机会，不然便会打消客户购买产品的积极性。销售员可以适当做到以理服人，告诉客户产品本身的价值，而不是在价格上作过多讨论。

# 谈价时要勇敢地说“不”

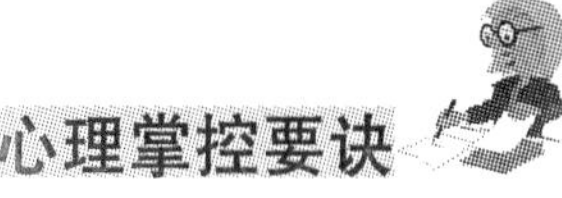

## 心理掌控要诀

作为一个销售员，每天不可避免地要和客户谈到价格问题。由于买卖双方对同一产品的估价不尽相同，所以销售员在交易中一定要掌握主动权，不能给对方可乘之机，对于客户提出的不合理价钱要勇敢地说“不”，杜绝客户得寸进尺的心理出现，但又要稳定客户情绪，维护自身和公司利益。

## 实战情景演练

王斌是一家工厂的销售员，他和客户刘老板合作多年，由于知道双方为人，刘老板经常欠款提货，这一次，公司又催王斌去结算刘老板的欠款。

王斌：“刘老板，您说好在这个月结清上次的三十万欠款，我看日期已到，所以过来领取了，好回去交差。”

客户：“王斌呀，本来这个月要结清货款的，可是由于最近是销售旺季，进货较多，挪用了一部分资金。这样吧，我这个月先支付十五万，剩下的下个月再结清，行不行？”

王斌：“刘老板呀，上次进货的时候，公司也是考虑到您是老客户，所以在正常进货价的基础上，还额外申请了一个点的价格优惠，这算是我们公司的特殊政策了。”

客户：“是啊，确实很感谢你，我们的长期合作一直很愉快，我相信以后也会是的。”

王斌：“哦，对了，上次我还为您多申请了100件促销礼品。为这事，销售总监还点名批评，要我作检讨，说这样对待老客户对新客户是不公平的。再说，我们平常发货，都是先付款的，您已经是特例了，他们已经对我不满意了，如果这次钱还不补上，我看您下次再来提货都不太容易呢。刘老板呀，您可不能再让我难做了，这样对您自己也不好。”

客户：“噢，是这样的。我们合作多年，你确实帮了我不少忙。好吧，资金再紧张，我也应该和你们公司结清货款，可不能让你再难做了。

这样吧，我先筹集一下资金，在下午下班之前一定给你把余款打过去，你到时候注意查收啊。”

王斌：“好好好，太感谢您了，有什么问题随时联系我。”

## 典型案例解析

销售员王斌在面对客户拖欠货款一事并没有让步妥协，而是勇敢地说“不”，对客户晓之以理，如果接受客户的要求，自己将会受到什么样的处罚，同时客户自己又会遭受怎样的损失，由此争取客户的同情和谅解，最终成功地达到了自己的目的。

## 销售心理 360°全解

销售员在和客户谈价时，要勇敢地说“不”，不能怕伤害交易双方的感情，而一味顺从客户。因为客户一旦发现你不敢说“不”，他就会变得更加信心十足，甚至盛气凌人，继而在交易中掌握主动权，过分压低交易金额，使销售员自己承担损失。那么，该如何做到既不损害与客户的关系又维护自己的利益呢?

（1）笑着对客户说“不”。

俗话说“伸手不打笑脸人”，当你在价格谈判中拒绝客户时，要配上真诚的笑容，用具有感染性的“笑”去融化对方冷淡不满的心，这样一来，你在气势上就会居于优势。此外，“笑”是具有传染性的，你的笑容往往是交易中打破僵局的最好的催化剂，这样隔阂自然会消除了，其他事情也就迎刃而解了。

（2）对客户晓以利害。

在销售中有些客户会提出一些不合理的价格，销售员遇到这样的情况就要向他说明具体情况，告诉他如果接受了这个不合理的价格，那么你的利益将得不到任何保障，从而取得客户的谅解。

（3）以小换大。

在买卖双方谈价的时候，可能有些客户比较难缠，会强行要求销售员单方面作出让步。对于这种客户，销售员不能采取强硬政策，因为硬碰硬只会导致“两败俱伤”。这个时候，销售员要巧妙周旋，不轻易做出让步，即使让步，也只能作出小的让步，从而换取对方大的让步或对等让步。

## 巧用“金额细分法”降低客户对价格的敏感度

在销售过程中，销售员和客户在谈到预付金额的问题时，客户往往就会有所拖拉，多半是觉得价钱太贵不合算，而这时，销售员最明智的做法就是想办法把金额的总数分解转化成客户将得到的利益，从而降低客户对价格的敏感度。

齐格·齐格勒是美国杰出的推销员，世界首屈一指的销售点子大王。他曾推销过厨房成套设备，其中最主要的就是锅。这种锅是不锈钢的，导热均匀，结实程度相当高，在同类产品中算是质量最好的。可是锅的质量虽然好，但是价格也比较高。而齐格勒就是通过“金额细分法”把比一般产品贵200美元的锅成功地卖了出去。

当齐格勒推销时，客户经常表示异议：“这个价钱太贵了，比普通的锅高出了几倍的价。”

齐格勒：“先生，您认为它贵了多少呢？”

客户：“贵200美元吧。”

这时，齐格勒在随身携带的笔记本上写下“200元。”然后接着问：“先生，您以为这锅能使用多少年呢？”

客户：“大概是永久性的吧。”

齐格勒再次确认一遍：“那您确实想用10年、15年、20年、30年吗？”

客户：“这口锅看上去的确经久耐用。”

齐格勒：“那么，我们以最短的时间10年为例来做一道数学题，您认为这个锅贵了200美元，那么每年贵20美元，那每个月是多少钱呢？”齐格勒说着在本子上算起来。

客户：“如果那样的话，每月就是1美元75美分。”

齐格勒：“是的。您的夫人一天要做几顿饭呢？”

客户：“每天都要做两三次。”

齐格勒：“好，一天只按两次算，那您家中一个月做饭有60次，这样算来，平均每个月贵上1美元75美分，做一次饭也才贵出3美分，这样算就不算贵了，您说是不是？”

听到齐格勒这样解释，大多数顾客都接受了这个比普通锅贵出200美元的价格，痛快地购买了。

## 典型案例解析

案例中齐格勒知道整体金额给客户的心理压力比较大，所以通过“金额细分法”把一口锅的总金额分配到每月每餐的消费中，这样就化大为小，减轻了客户的心理压力，降低了客户对价格的敏感度，从而说服客户接受了这一价格。

销售心理360°全解

在销售过程中，很多客户都用“没有钱”“买不起”等借口来搪塞销售员，他们并不是不想买，而是想通过价格异议来达成降价目的，从而买到物美价廉的产品。

所以销售员要理解客户这一购买心理，如果你不想因为客户的反对而降价的话，那么就必须向对方证明，你的产品价格是合理的，的确物有所值。销售员可向客户说明：你的产品在材料、质量、设计水平及售后服务等方面都是相对优秀的，以此证明所报价格的合理性，使客户因为这些硬实力而被说服。如果客户在听完你的这些说明后，仍然坚持自己的异议的话，你就可以使出你的杀手锏——金额细分法，来消除他们的异议。

（1）有所针对地使用。

这种“金额细分法”主要是针对价格较高的产品，对于一般的商品用这种方法就会显得有些小题大做，客户也没有太多耐心来倾听你的分析。

（2）金额细分要注意逻辑性。

金额细分法属于一种逻辑性比较强的销售方法，它把原本价位比较高的产品进行巧妙分割，这其中的逻辑必须合理，不能太混乱，否则不足以说服客户。金额细分之后呈现在客户眼前的就是一些符合逻辑、条理清晰的细节，这样才能有效降低客户对价格的敏感度，使客户更易于接受。

## 不要无原则、无理由地让步

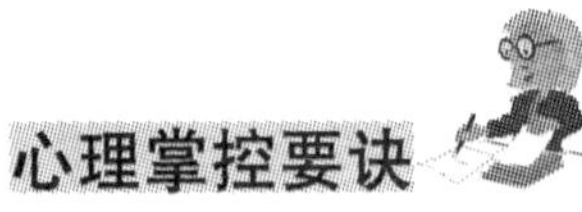

心理掌控要诀

做任何事情都必须有原则，如果销售员在交易过程中无原则、无理由地妥协、让步，会使客户对自己的产品或服务产生怀疑，产品价值在客户心目中就会大打折扣，也会让销售员在讨价还价中失去主动权。在价格谈判过程中，如果销售员觉得可以作出让步的话，就必须注意让步的方式和节奏，坚持自己的原则，找到适当的理由，保证顾客不对产品质量产生怀疑，从而在让步中得到应有的补偿。

## 实战情景演练

小静在时尚杂志上看到一个流行的包包，颜色、款式、材质都是她喜欢的风格，正好可以配她前几天刚买的衣服。和老公商量之后，他们决定前往杂志上标注的地址购买此包，只是杂志上并没说清价格，所以二人心中不免有些忐忑，最后他们出门前只带了3000元，两人决定若是超过预算就不买。

小静和老公心急火燎地赶到那个店，生怕心爱的包包卖完了。结果，他们如愿以偿地看到了那个包包，发现质量、颜色、款式等都和杂志上一模一样，小静赶紧叫店员取下来试背。效果非常好，小静一直舍不得放下，还兴奋地对老公说："老公，你快看，就是它，就是这个！"

"我看看，还真是啊！老婆背上它特别有气质。"小静老公答道。

小静看了看标价，对老公说："嗯，老公，你看这个标价2600，比我们预算要少，我们看能不能砍价。"

于是，小静的丈夫上前对女店员说："我不喜欢讨价还价，我们都干脆一点，1500元，卖不卖？"

谁知销售人员连眼都没眨一下，痛快地对小静夫妇说道："本来标价2600元，看来大家都是直爽的人，那么1500元你们拿走好了，就当是给你们带了一件回来，没赚任何利润，还要自己补贴车费、店面费之类的。"

结果小静用1500元买了这个包包。

拿到包包的小静越来越觉得不是滋味："老公，你说我们是不是买贵了？”

“我也不知道，不过这不是你喜欢的吗？只要喜欢就好。”

“老公，那会不会是假的啊？你看那个店员，眼都不眨一下，那么轻易就卖给我们了，我总觉得心里不舒服。要不咱们退了吧，我总觉得被骗了。”

事实上包包一点儿毛病也没有，更不是假的，各种商标、质量说明齐全，只是小静夫妇心中有了疑虑。为什么？就是因为那位销售人员太痛快地作出了让步，让他们心里不踏实。

## 典型案例解析

这位销售员与其说是爽快，不如说是在价格谈判中缺乏原则性。对于顾客而言，如果销售员太容易作出让步，那么他们就难免会对产品产生怀疑，为什么销售员无理由地让步？是不是产品有问题呢？案例中的销售员就是因为自己无原则、无理由地让步，让顾客心存疑惑，最终导致退货。

## 销售心理 360°全解

在谈到价格时，销售员并非不能作出让步，而是这种让步必须是有计划、有步骤、有理有据的。在销售过程中，销售人员要始终记住，妥协让步只是一种销售方式，以这种方式来传递某种信息，并以此来换取客户的让步，促成顾客购买，并从中获取利益。所以，无论什么时候，毫无意义的妥协、让步都是不可取的。

（1）坚持自己的原则。

在讨价还价中，销售员要有一定的原则。首先有原则的人是比较有魅力的，顾客若是被你的魅力所吸引，必然会把这种好感转移到你的产品或服务上，这样是可以为你的产品加分的。再者，在产品价钱上坚持自己的原则，会使顾客对你的产品产生一种信赖感，在一定程度上维护了产品的价值。

（2）让步要有理由。

销售员在迫不得已做出让步时，也要让降价显得“合情合理”，而不是“无厘头”。这是因为在交易中要考虑到顾客的逻辑性，不符合逻辑的行为会让顾客缺乏安全感。

（3）给让步加一个限制条件。

销售人员如何给让步加上一个限制条件呢？一个最简单的做法就是加上“如果”两个字，这就会让你的让步有的放矢，看起来更可信、更可靠。

## 先说产品优点，然后再报价

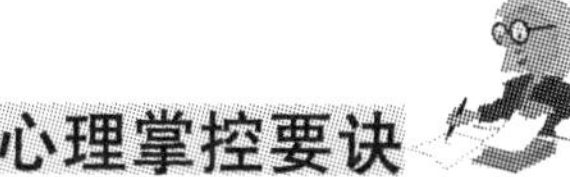


对于顾客来说，决定买不买一个产品主要就是看产品的质量和价格。一般来讲，产品的品质越好，给顾客带来的利益也就越大。而一旦产品质量不被认可，那成交率是比较低的。所以，在销售过程中，销售人员不必急于报价，而是要先把产品的优点讲出来，把产品的质量和优势摆在首位，让顾客觉得这个产品是值得信赖的，然后再适时报出一个合理的价格，这样离成交也就不远了。

### 实战情景演练

小林来到家具城打算买一张办公椅，货比三家之后，小林来到价钱比较高的那家店里。销售员看见小林仔细打量那张椅子，就请他坐上去试试感觉。小林一坐，果然舒服。

小林："嗯，确实不错，我看定价是1800元，可以便宜点吗?"

销售员听后礼貌地说："先生，价钱好说，您挑椅子不就是想图个舒服吗？我先给您说说这张椅子的构造和质量，你看看满不满意。"

小林一听，心想，这好啊，了解价值才是最重要的。于是应允了销售人员的介绍。

销售员："您肯定比我清楚，不良的坐姿会让人的脊柱发生侧弯，现在很多上班族整天都在电脑前坐着，只要坐姿不对就会引起腰椎、脊椎等很多毛病。所以，选椅子最好选择那种矫正坐姿的椅子，这样才能保证身体健康。您看您现在正坐着的椅子，它就是根据人体骨骼和穴位的特点来设计的，可以确保您保持完美坐姿，还不会觉得疲劳。另外，这张椅子，光是弹簧就比普通椅子灵活得多，质量也是非常好的，不会因为用久了就变形。不仅如此，这张椅子旋转的支架也非常特别，是纯钢的，这样就不会因为过重的体重或长期的旋转而磨损、松脱。所以啊，这张椅子的平均使用寿命要比普通椅子多一倍。"

听完这些话，小林其实已经很动心了，自己平时工作一坐一整天，最需要的就是一张舒服的好椅子了。但他还是试探地说："那能便宜一点吗？我在隔壁那家店看到了和这一样的椅子，才1000元多一点点。"

销售员："先生，您一看就是识货的，那样的椅子，我们这也有，您看，就在那边，这两种椅子虽然看起来差不多可实际质量相差太远了。别的不说，光刚才给您介绍的那个弹簧就要500多元，那一个纯钢的支架也要400多元，不信你可以上网查一下。更何况它还比其他椅子坐上去更健康。"

听了销售人员的话，小林二话不说就买单了。

## 典型案例解析

案例中销售员并没有在小林问及价钱的第一时间作出回答，而是先把那张椅子的所有优点都说了个遍，而且都合情合理，告诉客户自己的这个椅子的确值这个价，最后销售员通过自己报价方面的技巧轻松赢得了利润。

## 销售心理 360°全解

在报价之前，销售人员一定要做好相关的铺垫工作，那就是凸显产品的优势，向顾客证明你接下来报出的价格是合理的，让顾客对产品的价格不会太怀疑。这样，顾客在成交时就不会太思前想后、犹豫不决。当然，销售员在诉说产品优点时也需要注意一些问题，否则只会弄巧成拙。

（1）要实事求是。

销售员介绍产品优点时一定要实事求是，不能夸大其词。否则一旦顾客发现你是在欺骗他们，他们就会出现反感情绪，甚至终止交易。

（2）说优点时不要有太多专业术语。

销售员一般会对自己的产品比较了解，包括一些高科技产品，这其中可能会涉及一些专业术语，但是，顾客不一定听得懂。面对普通顾客时，销售员要确保销售语言尽量通俗易懂，否则顾客不但不会领你的情，反而会因为你不够体贴而放弃购买。

# 多谈价值，少谈价格

## 心理掌控要诀

通常来说，顾客对某种产品的需求越强烈，他对该产品的价格就越不重视。销售员在价格谈判中要充分抓住这一点，先谈价值，以价值来刺激顾客的大脑，让产品价值先在顾客心中做好铺垫，然后再谈价格，这样顾客也就更能接受销售员提出的价格了。

## 实战情景演练

顾客："您好，我想买橱柜，你这有吗？"

销售员："哦，好的，请跟我来，这里就有。"说着销售员把顾客带到一款橱柜前。

销售员："先生，您看这个橱柜的上下结构比较合理。请问您比较看重产品的功能还是款式？"

顾客："我觉得功能是最重要的，当然款式也要好看。"

销售员："根据您的喜好这一款比较符合。您看，这款橱柜最大的特点是设计得匠心独运，里面有三个抽屉，比一般的橱柜使用面积大了20%以上，除了它的实用性之外，款式也是大气时尚，很适合像您这样的年轻人使用。"

顾客："那它要多少钱呢？"

销售员："先生，我想请教一下，您是搬了新家想换新橱柜还是觉得旧的不实用想换掉呢？"

顾客："我搬了新家，所以看看有没有更实用、更时尚一点的橱柜。功能肯定是要有保证的，加上设计最好新颖时尚，这样显得年轻一点。"

销售员："那我刚才跟您介绍的这一款还是不错的，名师设计，空间利用率很高。这个橱柜还有一个好处就是可以灵活选配，它可以根据您的厨房大小来进行伸缩，如果你的厨房够大，就可以适当加宽，显得和厨房更协调。你觉得多宽比较好?"

顾客："就这么大应该差不多了。"

销售员："我还想问问您家里装修风格是属于欧式还是中式的呢?"

顾客："属于欧式的，暖色调为主。"

销售员："哦，那正好，这种颜色和风格最适合了。不知您是否听过我们的这款产品?"

顾客："听过，你们好像在电视上打过广告。"

销售员："是啊！您真细心啊！我们这边还有一份资料，您可以看看。"

顾客："这橱柜多少钱啊?"

销售员："上柜是1200元，下柜是1300元，台面是1000元，总共是3500元。"

顾客："哦，这么好的橱柜我还以为会很贵呢，看来还是很合算的。"

## 典型案例解析

在这个案例中，销售员的成功之处就在于，当客户询问价格时他并没有直接回答，而是先向客户介绍橱柜的价值，强化对产品的介绍，使顾客在心中对产品的价值有了一个较为全面的了解，这样就缓解了客户对产品价格的敏感度，避免了买卖双方过早进入谈判阶段，使销售员在谈判中不至陷入被动局面，从而获得了销售的成功。

### 销售心理360°全解

对于很多不懂产品的客户而言，他们首先会问及产品价格，通过价格的了解和比较来判定价值的高低。如果价格高他们就认为价值高，便宜就会认为价值低。所以，销售员要针对客户的这一购买心理，在销售过程中先谈价值，后谈价格，多谈价值，少谈价格。

（1）让客户了解价值与价格相符。

在经济学中，价值决定价格是不变的真理。销售员要设法让顾客理解你的产品的价值，让他们相信产品的价格与价值是相符的。如果你的产品价格高于竞争者的价格，那么你就需要向顾客证明你的产品在质量、性能及服务等方面优越于竞争者，使顾客理解优越部分的价值与价格差是相符的。

（2）让客户因价值而心动。

客户如果对一样产品不了解，相应的也不会对这一产品存有太多的期待。所以，销售员多谈论一下产品的价值，就会突破客户原先的期待值，同时客户所能接受的价格也会随之提升，这样客户就更能接受销售员提出的价格。

## 用“小甜头”满足客户砍价获胜的成就感

### 心理掌控要诀

很多客户往往不是想要在讨价还价中占到多大的便宜，而是想获得砍价获胜的成就感。买卖双方本是博弈双方，客户如果觉得自己在博弈

中取得胜利，也就不在乎价格的多少了。所以，在价格谈判过程中，销售员可以适当地用“小甜头”来满足客户的这一心理需求，从而使自己得到“大甜头”。

## 实战情景演练

小文是一家服装店的老板，她的服装店里有各种各样的小饰品，包括围巾、帽子、项链等东西，都是女孩子比较喜欢的当下流行饰品。

小文：“您好，欢迎光临，喜欢什么可以随便试穿。”

顾客：“老板，我看这件衣服不错，你帮我取下来，我试试。”

小文：“好的，您稍等。”说着小文取下那件衣服，这位顾客穿上去确实很合适。

顾客：“衣服是挺不错的，就是看上去单调了点，显得太素了。”

小文：“这个简单，我帮您挑一条围巾搭配着试试。”小文看顾客身上衣服比较淡，所以选择了一条红色的围巾，围在顾客身上。

顾客：“哎呀，这个围巾还挺配这衣服的嘛。”

小文：“当然，这里的小饰品都是我自己在批发市场精心挑选的，各种风格都有，如果您不想戴围巾，也可以试着配一下项链。”

顾客果然把围巾换成了自己喜欢的项链，效果也非常好。于是她问小文：“老板，那这件衣服多少钱啊？”

小文：“后面有标价，在这基础上打八五折。原价289元，打折后是246元。”

顾客：“那这围巾和项链呢？”

小文：“围巾和项链都是30元。”

顾客：“那加起来不就是300元了吗？这有点贵了，便宜点吧老板。”

小文：“这个衣服现在做活动，只能这个价了。这样吧，这两个饰品，我看您都挺适合的，要不就收您一件的钱吧，围巾算30元，项链就送给您了怎么样？”

顾客：“真的，太谢谢你了，那我买下了。”

小文：“我这东西算是买一送一了，您以后多带些人过来买东西就是了，我下周还会去淘一些小饰品来，到时候您再过来看吧。”

顾客：“好的，我觉得老板你的品味挺好的，以后我常来。”

## 典型案例解析

案例中小文在面对顾客的讨价还价时，避开衣服这种价格比较高的产品，而是把注意力集中在了两件小商品上。小文送顾客一条项链，让顾客觉得自己占了很大的便宜，认为是自己砍价的成果，所以很爽快地作出了购买决定。

## 销售心理 360°全解

在讨价还价时，如果销售员“一毛不拔”，没有任何商量的余地，客户就无法从中得到乐趣和成就感，或许还会觉得销售员不近人情而失去购买欲望。所以，销售员在交易中要尽量表现得“大方”一点，给客户一些“小甜头”。那么，销售员应该如何给顾客“小甜头”呢？

（1）“小甜头”最好放在最后。

既然是要满足客户砍价获胜的成就感，那么这个“小甜头”就应该放在最后，至少是客户砍价之后。如果销售员在一开始就对客户提出可以免费送些什么东西，那么客户就会认为你开的价钱当中是包含有这一项内容的，这样得到的“小甜头”其实是没有甜的感觉的。若在砍价之后销售员提出这样的“福利”，客户便会认为这是自己通过讨价还价争取过来的，也就能够满足客户的成就感。

（2）“小甜头”最好是客户喜欢的。

如果销售员要给客户准备一些小礼品，那么最好多准备一些，让客户有选择的余地，从而挑选自己最喜欢的东西。这样的话，这个东西在客户心中的价值绝对是在实际价值之上的。当然，这样的产品也更能打动客户的心，从而促使他达成交易。

## 如何应对大幅压价的顾客

### 心理掌控要诀

在销售过程中，客户对产品进行大幅压价其实是不合理的，而销售员接受客户的不合理价格，就意味着自己或公司的利益将会受到损害，这完全有悖于销售的初衷。所以，面对大幅压价的顾客，销售人员一定要掌握一些应对技巧，把拒绝的话说得恰到好处。只有这样才能保证自己的利益不受损失。

### 实战情景演练

小刘是一家机械设备公司的销售员，一次，他向老客户王老板推荐一款公司新设计生产的设备。

小刘："王老板，您好，上次我们的合作非常愉快。记得您说过如果有新产品，就叫我通知您，现在我们公司新出了一款机械，非常适合像贵公司这样长时间作业的生产模式。您看我什么时候登门拜访，给您详细介绍一下。"

王老板："好啊，那你今天下午就过来吧。"

小刘在约好的时间到达了王老板办公室，并带去了一本厚厚的说明书为王老板作详细讲解，由于新机械太重太大，不方便携带，于是他只能在王老板公司目前用着的一台旧机械的基础上讲解，把所有的优点都讲解得一清二楚，王老板也非常满意。

王老板问："这新机器确实比旧的先进了不少哦，也相对科学安全，那这台机器需要多少钱呢?"

小刘："新机器在很多方面都优于旧的，价格也只是在原来的基础上增加了三分之一，旧的是6万元，新的现在是9万元。"

王老板："9万元，太贵了。我认为新的和旧的价格上是没有那么大差距的，就算有差距也应该控制在5000以内。"

小刘："王老板，您这价格也压得太低了，这样我们制造新机器也就没有任何意义可言了。"

王老板："小刘啊，你看我又不是不懂这一行，好歹咱们也合作过几次，这个价钱确实让人难以接受，我也是商人，当然要实现成本的最低化。"

小刘："王老板，我这么跟您算这笔账吧，您花9万元购买我们的产品，按照贵公司的生产规模、每月的产量和产品单价计算，贵公司实际上3个月就完全可以把成本收回，然后就相当于免费使用我们的设备和原料。到时候您就会发现这台机器所带来的经济效益是远远超过今天所花的钱的。"

王老板："你说得对，小刘，这样吧，你先从公司调来新产品让我们适用一下，如果功能真有你说的那么好，咱们就把单订下了，我们公司正想着扩建，目前需要三台。"

小刘："好，我马上打电话叫人送来。"

## 典型案例解析

销售员小刘面对客户大幅压价，没有直接拒绝，而是强调产品即将给他带来的好处，让客户明白购买产品与他今后的收益之间的关系，使王老板看到自己是以最小的成本取得最大利益的，结果促成了交易。

## 销售心理 360°全解

讨价还价讲究的就是你来我往，也就是说买卖双方都有拒绝的权利，而并非单方面的。当客户在交易中出现大幅压价的情况时，销售人员更要据理力争，巧妙拒绝他们开出的不合理价格，努力使最后的成交价格达到自己的预期值。

除了没有购买诚意、不想成交的情况以外，客户之所以会开出一个不合理的价格，无非就是想试探一下销售员，摸清销售员成交的底线在哪里，以便能够花最小的成本获得更大的利益。所以，面对客户开出的不合理价格，销售员一定要懂得这一心理，首先不要害怕拒绝他们的大幅压价会造成交易的失败，然后努力将价格提高到自己可以接受的水平。那么销售员要怎样来拒绝大幅压价的客户呢?

（1）强调产品能够给客户带来的好处。

当遇到大幅压价的客户时，销售员就不要将着眼点和讨论的重点放在产品的价格上，而是要放在产品的价值和使用价值上，放在购买产品能给客户带来的好处上。只有这样，才能真正说服顾客，才能让顾客觉得真正的物有所值，才能让顾客提升自己所提出的低价来与价值相匹配。

（2）突出产品的独特性。

如果你的产品本身较贵，那么你就应该极力突出产品的独特性，告诉顾客你的产品无可替代，是别的竞争对手没有的，然后在交易中让客户觉得不在你这里买就会是一大损失，让价格为产品的价值作出让步，从而提升产品的价格。

# 第九章

## 秒杀订单：

## 破除成交壁垒，攻克顾客终极心理防线

“行百里者半九十”，在销售过程中，特别是在接近成交的紧要关头，销售员绝不能掉以轻心，否则很有可能会前功尽弃。所以，在博弈双方决定胜负的最后关头，销售员一定要小心谨慎，掌握一些心理学技巧，使用一些促使成交的小方法，这样才能破除成交壁垒，攻克客户的终极心理防线，拿下订单。

# 保持镇静，越接近成交越不能心急

在销售过程中，如果销售员过于心急，就容易给客户造成压力，尤其是接近成交的时候，销售员更不应该不给客户思考的时间，只是一味追问客户是否尽快购买，这样做往往会适得其反，客户或许会因此而拒绝购买。销售是一个漫长的过程，需要销售员一心一意慢慢经营，千万不能操之过急。当客户没有作出购买决定时，证明他有自己的考虑和安排。因此，销售员应该学会耐心地等待。这样做，除了是对客户表示尊重之外，还表现出了自己的稳重。正所谓“心急吃不了热豆腐”，保持镇静，才能取得客户的信赖。

## 实战情景演练

潘明是一家商店的导购员，他是个争强好胜的人，总是希望通过自己的努力做出好的成绩，因此平时工作也显得比其他导购员更心急些。潘明一般都是这样和客户交易的。

潘明：“您好，女士，您看这双鞋怎么样？挺适合您的，要不试试？”

客户：“好啊，这个款式还蛮喜欢的。”

潘明：“这是我们店刚到的新款，非常适合您这种气质的女士穿。”

客户试穿了鞋子，说：“果然效果很好，这鞋子多少钱呢？”

潘明：“打折之后是388元，很划算的，这是新款。”

客户：“价钱有点高了，不过款式确实是我喜欢的。我再考虑考虑。”

潘明："不用考虑了，我们现在做活动，过了这两天就不打折了，原价要500多呢。"

客户："这样啊。"

潘明笑着说："是啊，您正好赶上打折呢。如果想要的话，我帮您包起来。"

客户："哦……我再看看吧……"

潘明不耐烦地说："不用看了，这是最适合您的。如果想要的话我赶紧给您拿双新的。"

客户觉得潘明有点烦了，只是想自己尽快拿到钱，于是心生反感，马上决定不买了。

## 典型案例解析

欲速则不达，潘明只要再耐心地等待客户几分钟，或许就成功了。可是因为太急于求成，让客户觉得他只是想要钱，并没有考虑自己的感受，不断催促她作出购买的决定，给她造成不小的压力，最终因为心里不舒服而放弃了这双鞋。

## 销售心理360°全解

在销售过程中，如果急于求成，看到一点希望就不能保持镇静，而是表现出急躁、情绪紊乱、心态失衡等毛病，还给客户造成不必要的心理压力，那么本来煮熟的鸭子也会不翼而飞。在这种情绪下，不仅工作效率会降低，还会影响销售员的工作心态，甚至形成恶性循环。那么，在接近成交的紧要关头，销售员应该如何做呢？

（1）充分了解客户心理。

销售员在推销产品的过程中，如果客户出现"排斥"情绪，就不要急着去问他“买，还是不买”，这样做的结果通常适得其反——如果你太心急，给客户的压力太大，客户就会找一些借口加以拒绝，尤其是在接近成交的时候，更不能如此。这时销售员应该慢条斯理，娓娓道来，给客户一些时间和空间来考虑。并且，有些客户的怀疑心比较重，会认为销售员急于想售出这款产品而对销售员甚至对产品产生某种不信任的感觉，若有这样的心理出现，成功交易就难了。

（2）顺着客户的心理。

当客户犹豫不决时，销售员该做的不是催促他作出决定，而是找到他犹豫的原因，然后从这个原因入手，再通过销售技巧帮助客户消除顾虑，或者使产品的诱惑大于他的任何一个顾虑，这样就能顺其自然地成交了。

总之，销售员在接近成交的时候应该保持镇静，从容不迫，给客户一种心理安全感。销售员只有保持这种积极的心态和不急不躁的状态，冷静地化解各种危机，才能使自己在销售的最后时刻依然游刃有余，这样，成功的概率自然会大很多！

## 使用有说服力的例证，提高成交率

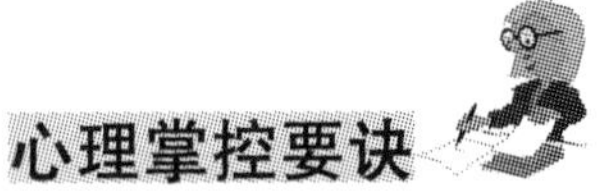


在推销过程中，有些客户即便已经快要下决心购买了，也仍旧会怀疑产品是否会像销售员所描述的那样能达到预期的效果，实现其自身的价值。这个时候，销售员采用举例法，用客户可以理解和感受到的例子，就能得到较好的说服效果。因为“事实胜于雄辩”，客户亲耳听到、亲眼看到、亲身感受到的事例更能打动客户的心，消除客户过多的疑虑。所以，销售员应该多准备一些真实、具有可比性的案例，来证明自己产品的价值与品质。同时，这也是被销售精英广泛应用的销售攻心策略。

## 实战情景演练

小光是一家床上用品公司的产品推销员。有一次，他和一群同事去推广公司的空调被。他们去的地方是一个相对落后的西部城市，那个城市的市民不仅不了解他们的品牌，而且对送货上门、周期拜访这样的销售方式也觉得新奇。当小光他们费很大力气把产品运到指定地点时，客户的很多问题却让他们觉得阻力重重。

他们来到一个社区商店，店老板问道："既然这个牌子不是你们这类产品中最好的，我又何必进它呢？这不是砸我们自己的牌子吗？"

小光微笑着回答说："我们不是把同类产品中最好卖的产品卖给您，而是替您选择了能真正给您带来好生意和丰厚利润的产品。"

老板有些不信，又问道："如果这个品牌在我们这卖不出去怎么办？"

小光回答说："老板，今天我之所以向您推出这种品牌，就是因为已经有很多客户在别的商店买过它。"

老板半信半疑地说："我听说旁边一个商店以前进过这种产品，花了一个月时间才卖光。"

小光笑着说："您还不知道吧，旁边那个商店上次进货的时候，它的销售量就已经在稳定增长了，过去他们一周卖 4 箱，现在每周最起码能卖 6 箱以上。怎么样，您觉得这个销售量在您这能挣到钱吗？"

听了小光的话，老板的态度突然发生了变化，开始对产品感兴趣起来，说道："哦？是吗？"

小光看出了店老板的心动，于是，趁势追击，又给他讲了临近社区有些商店进了这个货销售额都有所提高，销量每个月大概增长 10% 以上。哪家老板买了新车，哪家老板又扩大了店面，等等，这个老板听得很是高兴，后来就向他们进了 5 箱货。就这样，他们的产品在这片市场取得了初步的成功。

## 典型案例解析

销售员小光就是通过列举成功且有说服力的例证，让店老板满怀憧憬地订购了他们的产品。很多客户在面对有风险的产品时都会犹豫，但是又放不下它带来的利润。所以，在这个时候，如果销售员能够给他举例子，用事实来说服客户，消除其疑虑，那么客户就会信任销售员和产品，从而下定购买决心。

## 销售心理 360°全解

客户在选购产品的过程中，有一个对产品信任的过程。所以有些客户在选择的时候小心谨慎、犹豫不决是可以理解的。销售员在这个时候使用有力的证据来证明自己产品的价值，是很重要的销售策略。产品的合格证、之前所获得的荣誉证书、专家或者名人的推荐、客户反馈的良好信息、合作者的成功状况，等等，这些都可以成为我们说服客户的有效例证。

其实，这招“举例法”在销售员当中使用的频率相当高，但并不是每次都能取得成功。这其中需要注意的一点就是所举的例子必须真实、可比性强，这也是“举例法”中最关键的一点。如果销售员面对的是一个大客户，而他却把一些小商贩的成功例子列举出来，显然大客户是不会接受的，甚至这样反而会让客户对产品的看法大打折扣而放弃这次交易。相反，面对小客户，举出大客户的例子也是不适合的。所以，无论是在规模、空间、地域等的选择上，销售员都应该尽量选择举一些对客户来说与自己的情况比较相似的案例，这样才会获得客户较为强烈的认同感，才有助于促进合作。

# 反复刺激客户的购买兴趣点

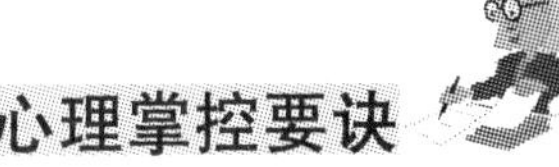

## 心理掌控要诀

一般的销售员都懂得，如果客户愿意听你讲述产品，那么他们都至少有一个购买兴趣点，也就是说，他们毫无疑问都是潜在的客户。而销售人员要做的就是找到客户对你的产品的兴趣点，并且对这些兴趣点进行反复刺激，来达到让客户购买产品的目的。

## 实战情景演练

一位售楼员带着一对夫妻看房。丈夫发现天花板上有水渍就说："啊，这房子漏水！"而此时，售楼员像是没有听到这位丈夫的话，一心注意旁边一直盯着游泳池的妻子，这位妻子边看还边点头微笑，一脸满意的神色。

于是，售楼员把目标转向了这位妻子，对她说："太太您看，这游泳池是不是很漂亮？"

妻子会心地笑了。可丈夫又指着另外一个地方说："房子这里也比较旧了，需要重新整修一下。"

售楼员只是对先生微笑了一下，简单地说："这是小问题，可以随时解决的。"

接着他又把头转向继续对着游泳池欣赏的女士说："太太，您一定非常喜欢游泳吧？看您身材保持得这么好就知道，这个游泳池非常适合您呢！"

在整个售楼过程中，销售员只是简洁随意地回答了丈夫提出的问题，而他的关注点始终保持在游泳池上，而且始终和妻子谈论一些与游泳池相关的话题，不断刺激这位妻子的购买兴趣点。最后，在妻子的极力坚持下，这对夫妻买下了这栋别墅。售楼员也获得了不菲的提成金。

## 典型案例解析

在这次销售当中，售楼员要推销的房子有让客户不满意的地方，但售楼员刚好抓住了客户对游泳池的兴趣，找到了客户购买的兴趣点。找到这个兴趣点之后，销售员在接下来的沟通过程中，始终有意无意地把话题转向游泳池上，采取各种措施反复刺激这个客户购买的兴趣点，这才成功地让客户购买了别墅。

## 销售心理 360°全解

准确抓住客户的购买兴趣点，并反复刺激它，使客户自己的兴趣点为其他一切障碍扫清道路，这样客户才能心甘情愿地购买。这一方法显然很有效。那么，销售人员要怎么做才能利用客户的购买兴趣点大做文章呢？

（1）站在客户的角度去想问题，找到客户的购买兴趣点。

要想找到客户的购买兴趣点，销售人员就必须准确掌握客户的心理。如何掌握客户心理，当然就是要站在客户的角度去想问题。只有这样换位思考，感客户之所感、想客户之所想，才能准确找出客户的购买兴趣点。只要找到了客户的购买兴趣点，就已经是成功的一半了。

（2）给客户的购买兴趣点以足够的重视。

销售员找到了客户的兴趣点之后，就必须对这一兴趣点给予足够的重视，让客户感受到足够的尊重和自己的价值所在。客户是销售员赖以生存的基础，只有真正做到尊重客户，理解客户，重视客户，才能让客户在交易过程中得到满足，包括物质和精神上的双重满足。只有这样，销售员才能取得客户的信任，为自己的销售事业铺平道路。

（3）注意客户的忌讳之处。

反复刺激客户的购买兴趣点是可以达到某些效果的，但销售员在运用这一方法的过程中必须注意到客户的忌讳之处。比如面对一些残疾人，就不能为了让他购买你的产品，而反复刺激他的缺陷之处。这样的话，伤害了客户的自尊，客户不仅不会购买产品，甚至还会对你怒目而视。

（4）刺激客户购买兴趣点时要因人而异。

在实际操作过程中，也许销售员对自己的产品了如指掌，非常有自信，而产品本身也确实有许多让人感兴趣的特点，但是面对每一个具体的客户，就必须具体分析了，每个客户感兴趣的点必然是不尽相同的，如果不能做到因人而异，具体问题具体分析，不能抓准客户的购买兴趣点，那么销售员就有可能错失良机。

## 暗示客户不购买会遭受的痛苦

在销售过程中，销售员常用的一种方法就是暗示法。先对客户进行积极的暗示，如果不能达到效果的话，再采取消极暗示，暗示客户不购买会遭受的痛苦就是其中一种。人们的想象力通常都很丰富，尤其是受到消极暗示的时候，更会不由自主地扩大想象的后果，使自己笼罩在一种恐惧的环境当中。销售人员要利用这种心理，适当地描绘如果不购买此种产品将会给他造成怎样的后果，就能有效激发和强化客户的购买动机，促进购买行为的产生。

## 实战情景演练

销售员小江是一家防盗报警装置的推销员，他向刘太太多次推销这一产品，刘太太始终没有下定决心购买，于是小江换了一种销售方式，想运用“暗示法”来吸引刘太太作出购买的决定。

小江：“刘太太您好，告诉您一个好消息，您临近的通天西苑小区有68%的住家都安装了防盗报警装置，所以那个小区的犯罪率比咱们这儿下降了13个百分点。”

客户：“喔，是吗?”

小江：“不知道您家里或您的社区住户有没有过被盗的经历呢?”

客户：“听说我们小区4号楼一户人家在7月份的时候有一台笔记本电脑被盗了。”

小江：“一台笔记本电脑好几千元呢！我觉得您也应该采取点措施，保护好自己的财产，要不一旦遭窃，不仅会损失财产，还会对我们的生活产生影响。”

客户：“嗯，我可不愿意看到这样的事情发生。”

小江：“您如果安装了我们这种防盗装置，就不会发生这种情况了。”

客户：“听起来不错。那我们家还是要安装这样一个装置，不然安全隐患很严重。”

小江：“是啊，如果预订了，我们会上门为您安装好。”

客户：“我最近比较忙。”

小江：“那您什么时候有空都是可以的。明天或者后天?”

客户：“后天早上10点好了。”

小江：“好的，那我们后天见。”

## 典型案例解析

这位销售员正是给了客户消极方面的暗示，让客户陷入了不好的想象和恐惧当中，觉得自己如果不用他们的产品，将会遭受失去自己财产的痛苦，从而下定了购买决心。

## 销售心理360°全解

人类的行为源于两大心理动机——对得到的向往和对失去的恐惧。作为一名销售人员，当正面引导客户而不得要领的时候，不妨从反面来暗示他，如果不购买可能会遭受痛苦或损失。也许这样一来，客户想象失去一样东西的恐惧心理或许更能让他下定决心购买。但销售人员在对客户进行暗示的时候，也要注意以下几点。

（1）暗示要合情合理。

暗示客户不购买会遭受痛苦虽然是一种可行的方法，但销售员切记暗示要合情合理，不能危言耸听。如果销售员夸大其词，不顾语言轻重，最后就不是暗示而是恐吓了，而这常常会造成客户心理上的不满和反感。在这种情况下，交易不但得不到促进，甚至还有可能会越弄越僵。

（2）话语要尽量温和委婉。

这种方法本身就不是很积极，如果客户一旦听进了暗示语，就会往坏的方面深入展开想象，这个时候客户心中情绪难免会有些波动。销售员要确保销售过程继续下去，就应该在语言上尽量温和委婉，让客户听上去不会觉得太冷而放弃购买的念头，更不会因为说一些太过忌讳的话，而让客户勃然大怒。

（3）以客户为中心，而不是产品。

客户在被消极暗示了之后心情比较脆弱，如果这个时候销售员还一个劲地推销自己的产品，那么客户心里会更觉凄凉。所以销售员在确定客户接收到暗示之后，要注意以客户为出发点，关心客户所关心的话题，一切从客户的利益出发，积极帮助客户解决问题，表现出对他的人文关怀。只有这样，客户才能在这样的气氛下感受到被关心，从而愿意进行交易。

## 善意“威胁”，促使顾客下定决心

### 心理掌控要诀

日常中，很多客户都不会主动购买产品，而是需要销售人员去说服。销售人员在和客户进行谈判时，不妨试试给客户一点“威胁”，让客户知道“假如您不买我们的产品，将是您的损失”“假如您现在不买，那么明天就没有了”，这样反而会勾起客户购买产品的欲望，从而更容易达到预期的效果。

### 实战情景演练

陈罗是一家保健器材公司的销售人员，两天前去见客户刘总，准备向他推销保健器材。和刘总寒暄之后，陈罗开始向刘总介绍自己的保健器材。

刘总：“小伙子，目前我还没有打算购买保健器材，如果需要的话，我一定会给你打电话，把你的名片留下怎么样?”

陈罗会意刘总在下逐客令，赶紧递出自己的名片，然后接着说：“听说您的母亲就要过70大寿了，刚才我还在小区里见过她，身体状况看上去很不错啊，老夫人肯定会很长寿的。”

刘总：“唉，老人家嘛，虽然平时保养得很好，可毕竟上了年纪了，身体也是一天不如一天了。”

陈罗：“老年人确实需要保养，但平时还是要做些运动才行，这样一来能增强身体的抵抗力，二来还可以保持一个好心情。”

刘总：“以前她倒是经常锻炼身体，可如今不行了，稍微一动就觉得累，我现在最担心的确实就是母亲的身体了。”

陈罗：“我们公司的这套健身器材正好比较适合老年人用，运动幅度也不是很大，用起来也安全方便，正好可以帮助老太太锻炼身体呢。再说老太太正要过70大寿，如果在这个时候送她这个礼物，不正是祝她健康长寿的意思吗?”

陈罗顺势把保健器材的所有好处都说了个遍，当看到刘总已经流露出购买意愿后，陈罗说：“您想想，如果您不能在母亲70大寿的时候送她一件有意义的礼物，她一定会感到很失望。我们的保健器材既有实用性，又能让她老人家感受到您的孝心，一举两得，多好的事啊。其实这种保健器材现在只剩下3台了，如果现在不买，等您想买的时候恐怕这一批已经售完了，公司总部再发货，至少也需要等半个月时间。错过了您母亲的70大寿，那岂不是太遗憾了!”

刘总：“好吧，那这样好了，我现在订下这个器材，等到我母亲生日那天，你再送到我家里来。我想给母亲一个惊喜!”

## 典型案例解析

案例中推销员陈罗就巧妙地运用了善意的“威胁”，从情感的角度出发，暗示客户如果不买这个产品将是一个很大的遗憾，同时告诉客户这种保健器材只剩下3台，下次发货至少也得半个月，让客户产生了危机感。陈罗的“威胁”恰到好处，既站在客户的角度帮

看女士在听，并没有拒绝的意思，刘凯进一步说道："楼上就有样板房，要不您亲自来看看，体验一下住在里面的感觉。"

女士欣然同意了。她们来到三楼的样板间，刘凯打开房门，请客户走了进去。之后她领着这位女士参观每个房间，边参观边介绍整个房间的设计理念等更多的相关信息，客户也兴致勃勃地边看边听。

两人来到书房，刘凯通过刚才的交谈，已经知道对方是个文化层次较高的人，于是他递给女士一本书，让她坐下来试着阅读，来体验这个书房给人带来的静谧。

女士很高兴地接过书坐下来翻看，满怀笑意地点头，又抬头看看窗外。过了一会儿，她站起身，对刘凯说："这个书房的格局我比较喜欢，这儿的环境也确实安静怡人。"

刘凯带客户走到窗前，让女士亲自打开窗户，顿时一阵清风迎面扑来，空气中还夹带着泥土和花香的气息，让人感觉非常清爽舒适。眺望不远处，对面的青山郁郁葱葱，让人心情愉悦。从女士的表情上看得出来，她非常享受这种环境和感觉。

参观完后，刘凯把客户送了出去。女士亲身体验到了居住在这里的感觉，这个楼盘给她留下了极佳的印象。后来，在刘凯的进一步努力下，这位女士顺利地买下了这套房子。

## 典型案例解析

对于这样一个新楼盘，一般客户都比较慎重，心中不免有些疑虑和不安。案例中刘凯却通过让客户体验的方式稳稳地把握了客户的心理。所以销售员在销售过程中必须要让客户身临其境，有亲身体验的机会，这样才能解除客户的疑虑。

## 销售心理360°全解

人们在购物过程中，常常会表现出很矛盾的心理，既想要更好的东西，又害怕使用陌生的物品所带来的不适感。尤其是在购买新产品的时候，这种心理尤其突出。很多客户不愿意太冒险，他们习惯了等待，直到产品被证明了是安全、放心的，他们才会开始购买。

因此，在建立信任关系过程中，销售人员要努力去消除客户的担忧，直到客户解除疑虑，不再犹豫，接受你推荐的产品为止。而试用和体验就是一个能帮助销售人员完成这一目标的好办法。那么，具体来说，销售人员应该怎么办呢？

（1）理解客户心理。

有些客户在购买过程中会产生疑惑、犹豫、不信任等心理，这些都是可以理解的，毕竟客户掏钱都是想得到好的产品和服务。销售员在这个时候切记不能对客户的这些心理表示不满，而是要耐心分析，为客户解除各种担心，使客户在一个相对积极稳定的心态下进行交易。

（2）尽可能提供试用的机会。

客户对产品进行亲身体验，也算是一种“知己知彼”。如果销售员拒绝试用的要求，那么客户可能会有所怀疑——这个产品是否真如你说的那么好。相反，要是销售员努力为客户提供试用机会，客户就会感受到你对自己所销售产品的了解和自信，也会真正相信你所说的话。

（3）试用中切记以人为本，而不是产品。

“体验销售法”本身就是站在客户的角度来实现销售目的的，所以当客户体验时，销售员要尽量顾及到客户自身的利益，以客户为主角，体现出销售员该有的人文关怀，而不能一味地推销自己的产品，本末倒置，这样也会引起客户的反感。

# 不要放过成交的信号

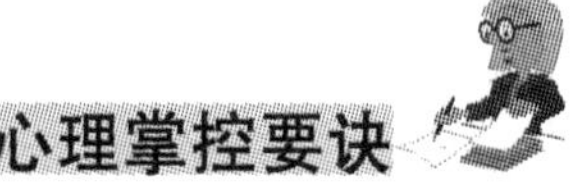


成交是销售人员诱导客户达成交易，使客户购买产品的行为过程，是销售人员的根本目标。对于销售人员来说，要想交易顺利达成，把握时机是至关重要的，时机过早或过晚都会影响到成交的成败。一般情况下，客户的购买兴趣是“逐渐高涨”的，而当客户的心理活动趋向明朗，客户和销售员在价位上达成一致，这时是成交的最佳时机。此时，客户常常会不自觉地通过各种外在特征，给销售人员提供“成交信号”。如果销售人员能够及时并准确抓住这种信号，判断出客户真正的购买意图，那么促成交易的完成也就不难了。

## 实战情景演练

小王是一家配件生产公司的销售员，他非常勤奋，沟通能力也相对较强。前不久，公司研发出了一种新型的配件，和过去的配件相比有很多功能和质量上的优势，价格也不算高。小王立刻联系了他的老客户张总，张总对产品还算满意，并且让小王到他的办公室详谈。

小王来到张总办公室，笑着寒暄了几句，接着开始介绍自己的产品。

小王：“张总，您上次从我们这购买的产品用着还好吧?”

张总笑着说道：“嗯，还不错。就是我们公司工作量有点大，我看旧的产品有点吃不消了。”

小王说：“我就是为这个来的。我们公司研发了一种新型配件，它能够适应高强度的工作，而且质量也是很不错的。”

张总表现出感兴趣的表情，说道：“是吗？你给我具体介绍介绍吧，我对这个还是不太懂。”

小王详细、耐心地向张总作了解答，在这个过程中，张总频频点头。双方聊了很长时间，十分愉快，但是小王并没有向对方索要订单。他想，对方还没有足够了解自己的产品，怕是不愿意立刻签单，应该多接触几次再下单。

几天之后，小王再次与张总取得联系，张总爽快答应了。小王向张总介绍了一些上次所遗漏的优点，张总依然对产品有兴趣。

张总问小王：“那这台机器的价格和上次的比起来如何?”

小王说：“我记得上次那台是2400元，这台新的是3500元，相对来说是相当便宜的。”

张总说：“贵是贵了些，不过功能也是很重要的，要保证我们工作的进度用这个也是不错的选择。”

当时小王还是没有下订单，认为火候还不到，准备一个礼拜后再上门拜访一次。

然而，一个星期后，张总却说：“我们现在的工作量没有前段时间大了，暂时不准备购置新设备了。”就这样，这桩交易就失败了。

## 典型案例解析

案例中张总曾多次向小王提供“成交信号”，可小王却没有及时抓住，总觉得火候不到，还要等时机。就这样一而再、再而三地错过了最佳时机，时间一久，张总对产品的需求也没那么大了，对新产品的热情也逐渐降低了，就这样，小王错过了一次本该成功的交易。

## 销售心理360°全解

在实际销售过程中，销售人员应时刻注意观察客户的言行举止，学会捕捉客户发出的各类成交信号，只要信号一出现，就要迅速转入促成的工作，这是达成交易的关键一步。为了便于销售人员洞察客户的心理，更及时地抓住成交信号，顺利达成交易，下面就从客户的动作、姿态、眼神和提问等方面，具体分析一下客户的各种成交信号。

（1）动作是客户是否积极的明显标志。

在你和客户交流的过程中，客户的潜意识会通过动作得以表现出来。如果客户的动作十分积极，对产品爱不释手，或者频频向你发问与探询，那么就证明客户对产品是非常感兴趣的。反之，如果客户在观看产品时，只是随便地看一下，然后就搁在一旁，这说明他并没有认可你的产品，或是根本没有兴趣。

（2）细心观察客户的姿态。

当客户故意与你保持距离或者动作较为随意的话，代表他的抗拒心态比较强烈。反之，如果客户在和你说话时表情专注，频频点头，身体愈来愈向前倾，就说明客户对你和产品的认同度很高，这种情况成交的可能性就越大。

（3）善于发现客户眼神里的秘密。

眼神最能够直接透露客户的购买讯息。当客户看某一个产品时，如果他的眼神放射出专注而渴望的光彩，就说明他被你的产品深深吸引了。所以，当你看到客户的眼神为之一亮的时候，就可以把它断定为成交信号，然后抓紧时机，促成交易。

# 根据客户意向引导成交

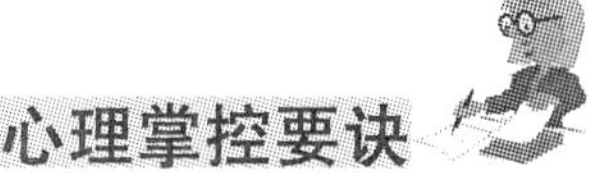

## 心理掌控要诀

根据客户意向引导成交，就是销售员通过积极的心理暗示来使客户转移头脑中固有的偏见，慢慢接受销售员的意见，使客户的思路不由自主地跟着销售员的思路走，从而达到成交目的的一种销售方法。运用这种方法可以使客户在购买的过程中由消极转变为积极，到最后认定为是自己的意识促使自己购买产品的，而非出自销售员的逼迫。其实这就是销售员在顺着客户意向的这条“杆子”往上爬，不断说服客户购买的过程。虽然在客户看来，是自己作出的成交决定，但实质上作为意向引导的主角，销售员才是占据支配地位的。

## 实战情景演练

刘女士只有一个独生女，所以对女儿格外宝贝，什么事情都会为她着想，即使很遥远的婚姻问题也在女儿十岁的时候就列入了考虑当中。正好，小江是一家保险公司的推销员，他向刘女士推销了一种很切合刘女士本意的婚姻保险。

小江：“刘女士，您好。我们这个婚姻保险的基本情况是这样的。您的女儿从现在开始入保，等到您的女儿结婚那一天，保险公司将一次性补偿金额为 20 万元的赔偿金，当做是女儿的嫁妆。”

刘女士第一次听说这种形式的保险，对此非常感兴趣，便对小江说：“这个形式不错，我为我女儿办理这种保险非常合适。”

小江笑着说："是啊，女士，您的女儿现在才十岁，到结婚那一天肯定能得到不少资金呢。而现在只需要每个月交300元就可以了。"

刘女士说："现在才十岁会不会太早呢？"

小江说："怎么会呢？这种保险投资越早收益就会越多。做父母的当然什么都会为孩子考虑好啦。等孩子长大懂事了，一定会非常感谢您为她做的这些事的。"

刘女士叹了口气说："是啊，孩子还小，什么都不懂，我当然要一一给她准备好，生怕有一点没做好，让孩子输在了起跑线上。"

小江笑着说："刘女士，您就别担心这些问题了，您为女儿做的事情已经很多了，女儿一定会比别家孩子更优越的。"

刘女士笑了笑，说："是啊，孩子现在的成绩就非常好，还是每天上补习班的好处。"

小江说道："那是，现在还小，就是要成绩好，等长大了，就需要很多资金了，再说还要结婚买房什么的，我们这个保险就相当于您给孩子积累的一份嫁妆了。"

刘女士说："那好，你什么时候有时间，咱们把合同签了吧。"

## 典型案例解析

案例中销售员小江充分抓住了刘女士的购买意向，在谈话中有意无意地把话题转移到女儿身上，对于极度关心、紧张女儿相关利益的客户来说，这是一个非常好的策略。所以，小江成功地支配着刘女士的思路，到最后让刘女士因为对女儿的爱而买下了这份保险。

## 销售心理360°全解

销售员在一开始就应该紧紧抓住客户各种各样的"意向"，对他们进行积极的心理暗示与引导，使客户对产品产生一种积极的认识和理解。当暗示深入到客户的潜意识里，再问客户对产品是否有兴趣时，他们会再度考虑你的暗示，并会认为这是他们自己的想法和意愿，最后坚定自己的购买决心。那么销售员具体应该怎么做呢？

（1）让客户认为成交是自己的意愿。

通常，人们都喜欢按照自己的意愿行事。如果有人强行建议他购买某种产品，他便会对这个人或者这种产品产生排斥心理。所以，推销员要努力使客户觉得成交是他自己的主意，而非别人强迫。只有这样，在成交的时候，客户的心情才会舒畅而又轻松，心甘情愿掏钱买单。

（2）充分发挥心理暗示的作用。

在运用“意向引导销售法”的过程中，销售员要充分发挥心理暗示的作用。销售员在一开始就要做好充分的准备，向客户做有意识的肯定暗示，使他们从一开始就对这点深信不疑，从而走进你的“圈套”。

## 局部成交法，减轻客户成交的心理压力

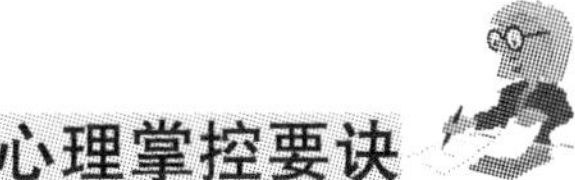


局部成交法是利用局部成交来促成整体交易的一种成交方法，也称小点成交法。这是一种以小攻大，以次要问题来促进购买的成交策略。对于有些客户来说，重大的交易问题可能会让他们产生较大的心理压力，这种压力会让他们格外慎重，所以不会轻易作出成交决定。然而，在比较小的交易面前，客户的心理压力也相对较小，甚至常常显得信心十足，比较无所谓，所以作出成交决定也会较快。

## 实战情景演练

郭明是一家医疗器械厂的销售经理，他正向某公司老板推销一批新产品。

郭明说："王老板，我们厂新生产的这种医疗器械非常先进，而且质量是一流的，您可以看看这是做好的成品。"郭明说着指向办公室的一角，示意王老板看。

王老板看过之后点点头说："嗯，看上去还不错，是比之前的看着质量好些。不过这是新产品，我还是没有信心能赚到多少钱。"

郭明笑着说："这个您放心，这个产品的广告已经打出去了，效果也很不错。已经有好几家公司在我们这订购了，现在工厂正在赶工呢。王老板您看要不要尽快订好，如果同行都卖这种产品而你们没有的话，那您就会失去很多赚钱的机会呢。"

王老板说："也是。如果我订的话，不知道你们什么时候可以交货呢?"

郭明说："您完全不必担心交货时间问题，我们工厂保证按照每一个客户的时间要求及时交货，您看是马上给您发货还是等到下月初呢?"

王老板说："发货那当然是越快越好了。"

郭明说："既然这样，那好，我们就计划在明天下午给您发货。现在我们先把这个合同签了吧。"

王老板说："好的，不过我现在资金不足，不能一次签大批量的，先订上次的四分之一吧，后面的等资金周转了再订。"

郭明说："没关系，以后您需要就尽量找我。"

## 典型案例解析

这位销售经理就是机智地运用了局部成交法来达到整体成交的

目的。郭亮看准了时机，先就发货时间方面的问题与客户达成协议，再间接地促成交易。郭亮抓住了有利的成交时机，既可以解除客户对同行竞争的担忧，又可以处理客户的异议，从而减轻了客户的成交心理压力，有效地促使客户自动提出成交。

## 销售心理 360°全解

局部成交法正是利用了客户的成交心理活动规律，避免直接提出重大的、客户比较敏感的或者是客户难以立刻决定的成交问题，而是首先向客户提出较小的、次要的成交问题。由小到大、以小见大，先局部成交，后整体成交。具体来说，销售人员在推销过程中应该注意以下几点。

（1）弄清客户的顾虑。

局部成交法其实就是“避重就轻”，所以在沟通过程中，销售员首先需要弄清楚客户最难以决定的、最敏感的点在哪里，然后故意避开这个点而转向比较容易攻略的成交问题。准确弄清了客户的顾虑之后就不至于在实施这一方法的过程中出现不必要的错误。

（2）营造良好的成交气氛。

次要的、局部的问题往往是一些比较琐碎的问题，所以销售员要保持自己的耐心，确保和客户在琐碎的问题上和谐无障碍的交流，创造一个良好的成交气氛，减轻客户的成交心理压力。

（3）掌握主动权。

在销售过程中，当销售员从局部问题入手，不断减轻客户的心理成交压力时，客户的思路也就无意识地被销售员带着走了，这样销售员也就掌握了交易的主动权。这时，即使这个局部成交点不成功，销售员也有一定的余地，可以灵活地寻找新的成交机会。

# 订购单也是说服的工具

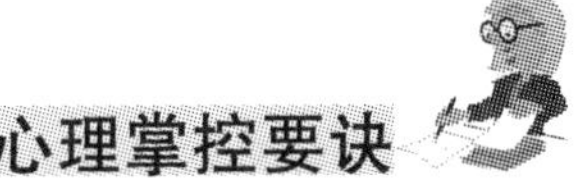

## 心理掌控要诀

订购单是推销人员和客户之间的买卖契约，是买卖双方在信用的基础上达成的协议。有些客户面对订购单时，心里总有一种担心与迟疑的，他们会想到如果是错误的决策，将会给自己造成损失，所以在经过深思熟虑之前不敢轻易填写订购单。而销售员面对客户这样的心理，要做到的就是减轻客户的消极想象，让订购单成为说服的工具。

## 实战情景演练

小李是一家房地产公司的销售员，当他和客户谈到成交的阶段时，需要客户填写一份订购单。而这时，客户就表现出一些畏惧心理，对订购单能否给自己带来利益表示怀疑。

小李对客户说："您看，这已经是您的房子了，您一定会满意的。您知道吗？您的这套房子不仅环境良好、价格合理，而且还有政府部门的相关优惠呢。"

客户便问道："是什么优惠啊？"

小李："税务部门以后会退还给您缴纳的一部分税金。所以，我现在需要把您的保单号码记录下来，填在这里，过不了多久您就能收到退税了。"

客户开始心动了，问小李："这样多好啊，政府就该给我们退税。"

小李："是啊，再过半年您就会收到钱了，是不是很棒？我现在要做的就是把您的银行账号转告给税务机关，方便那边给您汇款。”

客户很高兴地填了所需要的账号。

小李拿着一张表格继续说：“这是房屋出租账号的专用申请表。如果您对这套房子有租赁出去的打算，那么租房者就会通过这个信息把房租汇给您。”

客户很满意地说：“我的确有出租房屋的打算，原来这个表还有这些用处。”

小李递给客户一支笔说：“当然，那就请在这里签下您的名字吧。”

## 典型案例解析

这是一家国外房地产销售的案例。西方许多国家为了鼓励个人购房，政府出台了一些税收优惠政策。

销售员小李在面对客户畏惧填写订购单的情况下，没有强迫客户填写，而是一步步给客户解释订购单的相关内容和用途，让客户清楚填写订购单并非不利条件，相反是有利于自身利益的。这样就慢慢减小了客户的心理压力，把消极情绪变为积极因素，用订购单的好处“诱惑”客户最终作出成交决定。

## 销售心理 360°全解

一些推销人员不管客户心理，在快成交时操之过急，迫不及待地拿出订购单催促客户填写盖章，结果会引起客户的反感，然后找理由拖延时间或者直接拒绝成交。而一个优秀的销售员应该是善于使用订购单的，通常，他们使用订购单时非但不会给客户带来压力，而且还能通过订购单说服客户下定决心购买产品。那么，销售员在使用订购单时应该注意哪些问题呢？

（1）订购单尽量设计得正式点。

客户通常都愿意看到一份正式的订购单，因为这样会让客户对公司或产品产生一种信任感，会觉得自己的利益有了更多保障。当客户看到正式的订购单时，也能提醒自己这是一个正式有保障的交易，不应该拖拖拉拉。订购单给客户带来一种郑重感，也是促使客户尽快成交的一个有效因素。

（2）最好不要留太多空白给客户填写。

一份订购单留给客户填写的内容越多，客户的心里就会越怕，会想是否自己要承担的责任或者风险会更大。为了减轻客户这方面的压力，销售员可以把一些不太重要的信息先填好，然后让客户自己填写一些重要的信息，这样客户心里就会有个底，知道这份订购单的真正意义在哪里。

（3）要光明正大地填写订购单的内容。

填写订购单时一定要光明正大，在客户面前填写，给客户最基本的尊重和知情权，切忌偷偷背着客户填写，这样容易使客户产生怀疑和逆反心理。而且，在填写过程中，最好把所有内容念出来，确保客户了解所有内容和信息，使订购单足够透明。当然，还要保证订购单里填写的信息准确有效，以此赢得客户更多的信赖。

# 第十章

## 签单不是落幕：满足心理预期，在售后服务中提高客户满意度

乔·吉拉德曾说：“我相信推销活动真正的开始是在成交之后。”签单不是落幕，而是每一个销售员走向成功的开幕式。销售人员要想拥有永远的“回头客”，就不能做一锤子买卖。只有在签单之后，继续为客户提供良好的售后服务，安抚客户的心，最大限度地满足客户的心理预期，提高客户的满意度，才能吸引更多的顾客，提升销售业绩。

# 对客户的购买表示感谢

## 心理掌控要诀

对客户表达我们的感激之情是非常重要的。在这个世界上，没有人会拒绝别人对他的感谢。当你表达感恩时，客户会感到你对他的尊重和认可。同时，你也让客户了解到了你是一个知恩图报的人，客户自然愿意与你保持长久的联系，并且给你介绍新的客户。

## 实战情景演练

推销员甲很幸运地接到一份60万元的大单，甲在等客户期间和推销员乙聊天。

乙："你是不是过一会儿有一位重要客户要接待？"

甲："是呀，他要和咱们公司签订60万元的一份大单。我今天和他约好在这儿商谈最后的一些细节问题。"

乙："你真幸运，碰到这么一个大客户，这个月的提成一定不少。"

甲："那当然！"

乙："你真应该感谢他，他可是你的财神。"

甲："感谢什么呀？说实话，我们这是各取所需，他也从这笔生意中获利不少呢。像他那种生意人，有奶便是娘，根本用不着说谢谢。"

就在他们谈得热火朝天的时候，甲正在等的客户脸色很难看地站在了门口。这个大单子就这样泡汤了。

## 典型案例解析

60万元大单对推销员甲来说当然是一个很大的馅饼，但是就因为他不了解客户心理，不愿表达自己对客户的感激之情，总想着这一切都是自己该得的，和客户没有多大的关系，最终才与成功失之交臂的。因为当客户发现销售员只是想从他那里得到足够的钱而没有任何诚意的话，他的心里就会产生被利用和受到轻视怠慢的感觉，那么交易必然会终止。

## 销售心理360°全解

世界上最伟大的推销员乔·吉拉德对客户支持自己的生意充满了感激，他在成交后除了要给客户寄一封感谢信之外，还要在次日上午打电话给客户，再次表示谢意。乔·吉拉德之所以能成为世界上最伟大的推销员，这和他在每一笔交易结束后不忘自然而然地说出一句礼貌的“谢谢您”有很大关系。

生意成交之后对客户的购买表示感谢并非多此一举，而是非常重要的礼仪，这样能尽可能满足客户心理。我们在对客户表示感谢的过程中需要注意一些问题，让客户能真正感受到我们的感激之情。

（1）重复表示感谢。

客户购买我们的产品本身就是一件值得感谢的事情，我们一定要让客户感受到他们是真的帮了我们一个大忙，让他们感受到自己在此次交易中不仅满足了自己的个人需求，同时享受到了帮助他人的满足和快感。销售员永远不要担心自己把感谢的话说得太多，实际上，你重复的次数越多客户就越会被你懂得感恩的心打动。

（2）注意语言和面部表情。

既然是表示感谢，那么就必须是温和真诚的，而不能像完成一项任务一样敷衍了事。所以表示感谢的语言要带着个人感情，随着情况的不同而千变万化，同时要面带微笑，真诚温暖，让客户感受到此次交易的和谐与成功。

## 一诺千金，承诺客户的要立即去做

### 心理掌控要诀

许多销售员为了能使客户尽快地签单，常常通过承诺来打消客户的顾虑，让客户得到暂时的安全感。如许诺保证商品优质、承担质量风险、保证赔偿客户的损失；答应在购买数量、价格、服务等方面提供优惠等，无论客户提出什么样的要求都会得到销售员的应允。身为销售员，我们应该想想，如果这些承诺无法兑现，客户得到的只是一张空头支票，他们会产生怎样的心理和举动？他们会抱怨、不满，会对销售员失去信任，最终取消订单。一旦这种情况发生，我们所损失的可能不只是这一个客户，甚至连同他周边所有的潜在客户资源也有可能流失掉。

所以，销售员在作出承诺之前一定要权衡利弊，要考虑自己的诺言是否能真正实现。如果销售员一旦许下诺言，就要立即去做，让客户满意，否则将后患无穷。

### 实战情景演练

可乐销售人员小陈为了能尽快完成本月的销售任务，得到更多的业绩提成，决定对客户作出占仓压货的承诺，于是，他给经销客户李总打电话商谈具体事宜，内容如下：

小陈："李总您好，我是小陈，最近生意不错吧？"

李总："哦，小陈，你好，最近生意还行，市场还算景气。"

小陈："那就好。我这次想跟您商量一件事，您看暑期就要到了，正是可乐的销售旺季，这个月我们公司定的销售目标量是50万元，您看20号前能完成吗？"

李总："完成50万元的销售量应该没有问题，但是我们目前缺少仓库，可乐拉过来没有合适的地方放置。如果你们能出钱解决仓库问题，我就在20号以前把50万元的货拉回来，这样完成销售目标也就不成问题了。"

小陈："那好吧，既然您这样确定，这事我想办法解决，我向公司申请占仓费，不过这需要时间，现在您需要自己垫资找仓库，把产品拉回来，等申请批下来了再给您补上，您看怎么样？"

李总："那就这么说定了，我现在就派人去找仓库，尽早把货拉回来。"

小陈："好，就这样！谢谢！"

最后，李总按约定把产品拉回来了。暑假期间，可乐供不应求，50万元的销售量实现了，但是因为公司方面说并没有"给李总提供占仓费"这样的承诺，所以始终没有给小陈批占仓费。李总问过两次，但是资金数目不少，小陈自己也根本没办法解决。无奈之下，小陈只能向李总说了实情。李总听后非常生气，不但终止了与小陈公司的合作，还将小陈告上了法庭。

## 典型案例解析

为了自己能够完成公司下达的任务量，案例中的小陈在公司没有确认能够给客户占仓费之前，就对客户"抛"出"诱饵"，承诺会支付占仓费，最终却无法兑现承诺。当真相大白时，客户终止合作并将其告上法庭，也就不难理解了。

## 销售心理360°全解

销售员要想在销售领域有所成就，就必须体谅客户心理，绝不能肆意欺骗客户，轻易许下承诺。销售员要打好自己的信任品牌，对客户和自己的职业生涯负责。一个优秀的销售员绝不会轻易许下诺言，一旦承诺了，必定一诺千金，会想尽各种办法予以兑现，给客户绝对的安全感。

（1）充分了解公司的相关制度。

销售人员在与客户进行沟通的时候，首先需要对自己公司的相关制度有一定的了解，清楚公司在与客户的交易当中，哪些方面必须坚持，哪些方面能够作出相应的让步。了解了这些之后，才能在与客户的沟通中做到胸有成竹，做出自己能够兑现的承诺，使客户、公司和自己三方达到互利共赢。

（2）说话要留有余地。

即使在公司、个人等方面都允许的情况下，销售员在对客户做承诺时也要留有余地，不能大放豪言，把话讲到极点。在交易过程中，或者是交易成功之后，都有可能出现各种意想不到的情况。说话留有余地是未雨绸缪，给自己留条后路。当然，这样也是为了更好地兑现承诺，提高客户满意度，建立长久的合作关系。

（3）言出必行。

销售员一旦对客户作出了某些承诺，就一定要对自己的承诺负责，也是对消费者的权益负责。无论你的承诺有多难，只要话语一出就必须践行。只有这样，你才能在销售界中立足，取得一定的成功。

## 售后问题，迅速处理不拖延

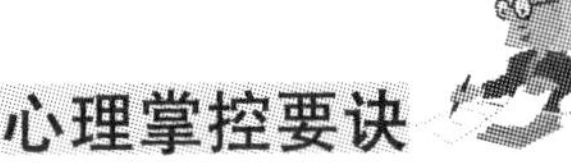

### 心理掌控要诀

售后服务，就是在商品出售以后所提供的各种服务活动。从推销工作来看，售后服务本身同时也是一种促销手段。在追踪跟进阶段，推销人员要采取各种形式进行配合，通过售后服务来提高企业的信誉，扩大产品的市场占有率，提高推销工作的效率及效益。可以说，这次销售的成功其实就是下次推销的开始。对于销售人员来说，最宝贵的财富是拥有大批忠诚的客户。因此，在成交之后，销售员要继续向客户提供服务，以努力维持与客户的和谐关系。一旦客户在购买后发现什么问题，销售员或者商家要及时处理，不能拖延，只有这样，才能让客户满意，让自己的销售之道越走越宽。

### 实战情景演练

在一条繁华的商业街上，有一家鞋店的生意是最好的，不论天气好坏，这家店的客人总是络绎不绝。这家店不花钱做广告，但总是有客户为他们做免费的广告，这家店也不找“托儿”，但它总能成为消费者最信赖的商家。这家鞋店为何如此受欢迎呢？一个记者很好奇，以客户的身份进了这家鞋店，准备一探究竟。

刚进门，就有销售员热情地上来迎接，这点不足为奇，所有商店都能做到这一点。记者看到店里有很多客户拿着旧鞋子过来要求清洁维修，凡是这类客户，店员都会在第一时间帮他们进行处理。记者决定进一步了解，他开始挑三拣四，在他挑“毛病”的过程中，服务员始终保持微笑，并没有厌倦情绪和不耐烦。最后，记者大受感动，买了一双自己喜欢的鞋，回馈这位服务周到、态度良好的销售员。并且，当他准备付款离开的时候，销售员还过来微笑着说：“请稍等，我们为您办一张会员卡。”

他问：“办会员卡有什么用处呢？”

销售员说：“这个卡的作用很大！凡是您在本店购买的鞋，都可以拿过来清洗，本店有专门的清洁人员为您服务。而且我们的鞋子是没有保修期的，是终身服务制。”

记者终于知道，这家店的成功之道就在于良好、周到、及时的售后服务。

## 典型案例解析

这家鞋店的生意一直都很好，主要在于其及时、周到的售后服务。可能很多客户的鞋子并不是会穿很久，也未必会经常拿去清洁修理，但他们的服务理念是非常人性化的。这样，即使客户不再修鞋，也会选择去那里买鞋。毕竟，这样优质的售后服务无论从物质上还是精神上都能让客户获得一种满足。

## 销售心理 360°全解

良好的售后服务能迎来如潮好评，换来客户盈门。这也是一个销售人员能够取得老客户信任的重要因素。德国大众汽车公司有这样一句话：对于一个家庭而言，第一辆车是销售员销售的，而第二辆、第三辆乃至更多的车都是服务人员销售的。这也是充分肯定了售后服务在销售中的作用。销售人员要想提高业绩，求得更好的发展，做好售后服务非常重要。

（1）一切从客户利益出发。

售后服务首先要站在客户的立场，从客户的利益出发，然后制定相关的服务措施和条例。售后服务人员需要了解客户的想法和需求，充分考虑到客户的利益，了解自己所扮演的角色和服务对象，做好与客户的积极沟通。这样既能解决问题，又能在一定程度上拉近客户与销售人员的关系，提高客户的回头率。

（2）及时发现问题。

处理售后问题的前提就是要发现问题，售后问题有客户自己发现提出的问题，也有些问题是需要售后服务人员主动去了解、去发现的。销售人员和售后服务人员一定要做好这方面的工作。

（3）迅速处理问题。

要想做好售后服务工作，在第一时间解除客户对产品的信任危机，迅速处理问题是非常重要的。也就是说处理售后问题越快越好，绝不能拖延时间。就算拖延时间最终还是要解决的，更何况拖延时间越久，对商方是越不利的。

## 建立有效的客户档案，并定期回访

回访是一种很实用的营销方法，也是深化服务的一种重要形式。建立有效的客户档案，并做好定期回访是销售服务的重要内容之一，从实际的操作效果、综合成本等因素来看，回访都是较为合理的一种销售服务方式。通过对客户进行回访，不仅可以得到客户的认同，还可以提升客户满意度。同时，回访也是加强内部监管、提高产品质量和服务质量的重要方式。一次成功的回访不仅可以提升客户的忠诚度、满意度，增进客户感情，保障客户服务质量，掌握客户心理变化，而且还能从客户方面收集大量有关市场、产品、服务等方面的营销信息，增强我们对市场的了解和掌控。

## 实战情景演练

电话销售员：“您好，请问，杨明先生在吗?”

杨明：“我就是，您是哪位?”

电话销售员：“我是××公司打印机客户服务部的焦思，我这里有您的资料记录，你们公司去年购买过我们公司的打印机，对吗?”

杨明：“哦，是!”

焦思：“现在保修期已经过去了7个月，不知道现在打印机使用的情况如何?”

杨明：“好像你们来维修过一次，后来就没有问题了。”

焦思：“太好了。我给您打电话的目的是想告诉您，这个型号的机器已经停产了，配件也比较昂贵，所以我们想提醒您在操作时一定要按照操作规定进行操作，否则一旦出现问题会比较麻烦。请问您阅读过使用手册吗?”

杨明：“没有呀，不会这样复杂吧？还要阅读使用手册?”

焦思：“是的。其实阅读使用手册还是有必要的，若按照使用手册来操作的话，机器的寿命会相对长一点，反之，寿命就会缩短。”

杨明：“你说得对，我们最近业务比较多，如果出现问题怎么办呢?”

焦思：“哦，这您放心，我们还是会上门维修的，虽然收取一定的费用，但比购买一台全新的还是要便宜些。”

杨明：“对了，现在购买一台新式打印机大概需要多少钱?”

焦思：“要看您需要什么型号的，您现在使用的是××公司的××，后续的升级产品是××2，这要看贵公司一个月大约打印多少A4纸张。”

杨明：“最近的量开始大起来了，有的时候超过12000张了。”

焦思：“既然这样，我建议您考虑××2了，××2的建议使用量是15000张一个月的A4正常纸张，而××的建议月纸张是10000张，如果超过了这个量会严重影响打印机的寿命。”

杨明：“你能否给我留个联系方式，年底或许我会考虑再买一台新打印机，如果买的话那就是后续产品。”

焦思：“我的电话号码是××。杨先生，您是老客户，我们在年底对老客户会有些优惠活动，也许我可以将一些好的政策给您保留一下。”

杨明：“那好，我们到时候再联系。”

焦思：“好的，等活动推出我再给您打电话。”

## 典型案例解析

案例中的销售员通过电话回访，从旧产品自然地过渡到新产品，把老客户顺利地转变为新客户，从而拓宽了自己的销售渠道，节约了时间成本，免去了不必要的人力。看来销售员建立起有效的客户档案，并定期回访，对销售是非常有益的。

## 销售心理360°全解

建立有效的客户档案是实现客户资源再利用的重要手段，定期对客户进行回访便是利用这一手段去创造更多利益和价值的有效途径。销售员在回访过程中要注意保持自然，首先要站在客户的角度思考问题，不能一味盲目地推销自己的产品，从而让客户对你的目的产生怀疑。

（1）首先说明回访目的。

销售员在进行回访时，首先要向客户说明回访的原因、目的、大致需要的时间，以免引起不必要的误会。

（2）正确对待客户的抱怨。

既然是回访，那就必须倾听客户的看法。并不是每个客户对产品都表示满意的，如果遇到对产品不满意的客户，销售员要耐心倾听抱怨，不能急于求成，认为达不到自己的目的就表现出不满甚至随意终止回访。碰到这样的问题，销售员最好不要据理力争，当客户发泄完了之后，再帮他解决各种问题。只有这样，客户才会愿意掏腰包购买下一个产品。

（3）回访时要因人而异。

在回访过程中，销售员会碰到各种脾气性格的人，在这个时候，销售员的应对策略就要因人而异，对症下药。例如有些客户性格暴躁，一时性急容易说出气话，这时销售员就需要克制自己，保持冷静，还需要以温和友好的态度与其交谈，直待客户平静下来，再解决下面的问题。

## 积极回应抱怨，让客户的抱怨变成机会

### 心理掌控要诀

当客户对产品和销售员产生抱怨时，多半是因为自己的需求没有得到满足，这样少不了会通过情绪、语言和行动表达出来。一旦客户心中有了不满，并且这些不满还无处发泄的话，那么这些怨气就会一直积压在客户心里，反复刺激客户，久而久之，这种消极心理就容易造成客户对推销员和产品的不信任。因此，对待客户的抱怨千万不能掉以轻心。

## 实战情景演练

销售员小李是一家医疗器械公司的推销员，其客户多半是老年人。有一次，小李给半年前买器械的客户焦大爷打电话回访使用情况，没想到焦大爷脾气十分暴躁，在接到小李电话之后就喋喋不休地开始抱怨。

焦大爷："我儿子为我买了这个机器之后本来很开心，起初用起来也很舒服，但四个月之后，机器开始出现故障。时好时坏，反复无常，用起来很不省心。你们公司居然卖给客户这样的东西，当初承诺得那么好，都是骗人的。"

小李："哦，机器出现问题是有的，您找过我们公司的维修部吗？这样的情况我们会上门免费为您维修的。"

焦大爷："当然有。维修人员来也一样，总是这个样子。你们的维修人员还说我的使用方法不对，破坏了它的程序什么的，真是没素质，竟然还把责任推到我身上。我之前用得很好，只是时间久了才这样，这显然是你们产品的质量问题。"

小李："嗯，如果我们的工作人员表现得不太好，请您见谅。我在这里替公司向您道歉。焦大爷，我想问一下您平时使用的时候是按照说明书来使用的吗？"

焦大爷："哪需要什么说明书，这么简单的东西谁都会用，根本不需要什么说明书。"

小李："当然要看的，不然也没必要每台机器都配说明书啊。有些机器如果不按照说明书来操作，寿命就会减短，您这台机器大概就是这样的问题吧。"

焦大爷："那怎么办？我平时都是这样用的。"

小李："大爷，您看这样啊，我们公司现在有一个活动，这些医疗器械凡是售出半年以内的，都可以参加以旧换新活动，新产品呢，在价格上比旧产品要贵些，但是功能又新增了，而且我们公司实行的是终身保修制，您如果再遇到什么问题可以随时打电话找我们。您只需要在旧机器的价钱的80%的基础上再补上新机器的钱就可以了，这样，无论是从经济上还是使用舒适度来说，对您都是极好的。您看您对这个活动有兴趣吗?”

焦大爷：“这还行，你们得把新机器运到家里来，我需要试用一段时间，再不能出现上次的情况了。”

小李：“这个自然，您看下午方便吗?我们的外勤人员会把机器给您送过去，然后撤走旧机器。”

焦大爷：“那好，下午过来吧。”

## 典型案例解析

案例中推销员小李在面对客户焦大爷的抱怨时，并没有与他针锋相对的争论不休，而是耐心倾听，让客户把怨气都发泄出来，了解了问题所在之后再去解决问题，并从客户在意的问题着手，适当合理地推销自己的另一款产品。这样就自然地解决了客户的问题，又促成了新交易，一举两得。

## 销售心理 360°全解

那么，在售后回访过程中，如果遇到客户抱怨的情况，销售人员应该怎么做呢?

(1) 认真聆听并做好记录。

客户在抱怨的时候，特别需要一个聆听者，让客户把不满情绪尽情宣泄出来。在这个时候，销售员就需要充当一个“情感垃圾桶”的角色，让客户慢慢诉说，直到其心情平静下来。并且，客户在抱怨的过程中，可能情绪激动，信息量较多，甚至有些条理不清晰，销售员要及时把客户的这些抱怨记录下来，然后进一步了解客户的相关信息，以求更好地处理问题。

（2）尽量认同对方的看法。

客户抱怨证明我们有些方面还做得不尽如人意。这样的话，我们就需要尽量认同客户的观点和看法，适当地对客户的意见表示肯定，并感谢对方给我们提出的宝贵建议。这样客户就能感受到销售员的真诚，才有兴趣进行下一个环节，否则销售员很可能就会失去这个客户了。

（3）尽量满足客户的合理要求，对不合理要求要智取不能硬碰。

客户一般都是站在自己的利益角度来考虑问题的，只要我们尽量考虑到对方的利益，满足客户提出的合理要求，总体上就不会存在大问题了。如果有些许客户提出了不合理的要求，销售员切记只能智取不能硬碰。不能在客户抱怨声连连的关口拒绝这些要求，等对方心情平静了之后再来晓之以理，这样才比较容易获得成功。

## 充分开展跟踪服务

### 心理掌控要诀

销售跟踪是销售人员在客户心中树立信誉、得到客户信任的最简单的方法之一。跟踪的最终目的是形成销售——跟踪工作能使你的客户记住你，一旦客户作出决定或者采取行动时，首先想到你。请记住：80%的销售是在4至11次跟踪后完成的！

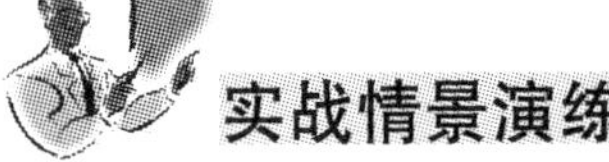

### 实战情景演练

小王在北京成功地找到了现在这份销售主管的工作，上班之后，老板对他的求职方法表示很感兴趣，并特意找了一个机会针对他的求职方法和他做了一次简单的交流。他们的对话是这样的。

老板："小王，我记得你向公司投简历是在招聘会的最后一天，为什么呢?"

小王："如果我最后一天投简历的话，我的资料就放在所有资料的最上面，这样老板就能首先看到我的信息了。"

老板："几天之后，你又打电话来问我们有没有收到你的简历。你是在提醒我们是吧?"

小王："是的，我需要对自己的简历进行跟踪。"

老板："后来你又打来电话说什么推荐信，还把推荐信传真到我的办公室，再次提醒我们有你这样一个人。"

小王："这样你们就不会忘了我吧。"

老板："其实我聘你为销售主管，就是因为你懂得销售跟踪。既然你能通过跟踪简历的方式推销你自己，那么我相信你也能通过销售跟踪达到最终的销售目的。"

小王："谢谢老板。我会做到最好的。"

## 典型案例解析

小王能够找到一份销售主管的工作，成功地把自己销售出去，懂得跟踪是相当重要的因素。小王不断在老板面前提醒他，在你可以招聘到的人中有小王这样一个懂得销售跟踪的人才，不断刺激老板的大脑，层层递进，有条不紊，让老板对他这个人印象深刻，最终应聘成功。

## 销售心理 360°全解

销售跟踪和小王的简历跟踪也有异曲同工之妙——良好的销售跟踪

同样能够达到销售的目的。但我们在跟踪的过程中必须使用良好的方法：不能太频繁，让客户感觉到厌烦；不能占用客户大量时间，让客户对你表示反感；不能相隔时间太久，以至于客户已经把你忘了再跟踪，那就达不到效果了。还有在对客户进行跟踪的过程中，销售员不能表现出强烈的功利目的，而是要循序渐进，从客户的角度来考虑和解释问题。此外，在对客户进行跟踪的过程中，还要注意以下几个问题。

（1）跟踪要贯穿销售全过程。

无论是在销售前、销售过程中还是销售之后，甚至在没有交易的情况下，销售员都必须全程跟踪，了解客户的需求和动向，这样才能满足客户的要求，提升客户的满意度。销售员若对客户有了整体的了解，就更能掌控全局，这样销售的成功率也会更高。全程跟踪让销售过程无懈可击，这样才会让你从众多销售人员中脱颖而出。

（2）做出允诺就要准时履行。

既然是跟踪，那就必然有前后之间的联系。如果销售员在交易过程中对客户作出了某些承诺，那么一定要准时履行，不能拖拉，不能推卸责任，更不能置之不理。如果销售员跟踪的客户较多，或者跟踪的时间较长，那么就需要把所承诺的事写在记事本中，每天早晚都要查看一下这个记录，看看自己是否做到了有诺必应。总之，销售员要记住，你对客户的回应越快、越好、越尽心，客户就会越信任你，当然你的销售量就会越多。

（3）跟踪形式多样化。

现代社会常用的跟踪形式有三种：电话跟踪、邮件跟踪和信函跟踪。电话跟踪是最为常见的，同时也是最能拉近销售员与客户之间关系的。经常打电话向客户嘘寒问暖，了解客户最近变化和需求，比较容易达到销售目标。邮件跟踪也是目前比较流行的一种方式。邮件跟踪容量较大，及时性较强，可以为客户提供大量的资讯信息等。如果公司长期向客户提供邮件信息，久而久之，客户就会对该公司和产品产生依赖心理，这样可以开发大量的潜在客户。信函跟踪相对比较正式一点，一般在逢年过节或者公司举行大型活动的时候可以采用这样的跟踪形式，使客户感到自己被尊重，同时也能提升公司的品位格调。

## 出其不意，给客户意外的惊喜

### 心理掌控要诀

出其不意，就是在客户没有任何心理准备的情况下给客户一些好处或者满足其某些方面的需求。对于客户来说，这样得到的惊喜比事先知道情况效果要好得多。只要客户认为是意外的惊喜，那么他们就会更加感激服务者。甚至，不需要这个惊喜有多大，只是生活中的一些小细节就能给客户带来某种难以言说的满足感。

### 实战情景演练

有位客户张先生去一家银行办业务，不料途中遇到大雨，而他又没带伞，跑到银行时已经全身湿透了。当他湿淋淋地跑进营业厅时，早有一位银行员工手里拿着干毛巾等在门口了。这位员工面带微笑地站在他面前说："先生，先用这个擦擦脸吧。外面雨下得这么大，您还来光顾我们银行，非常感谢您。"

张先生当时倍感温暖，这家银行确实非常人性化，觉得这是一个意外的惊喜。当张先生擦干脸后这位员工说："先生，请问您想办理什么业务呢？有什么我可以帮到您的。"听了这位员工温馨的话语，本是来销户的张先生再也不忍把自己的原意说出来，最后只好说："啊，我是来存款的！"

## 典型案例解析

张先生由销户变成了存款，这个决定只是一念之间，甚至有些戏剧化，但却说明了一个实实在在的道理：真正良好的服务是深入人心的。一个小小的举动，一下子就把银行与客户的心拉近了。其实，在平时的售后服务中，如果我们能够开动脑筋多给客户制造一些意外的惊喜，或许自己也能收获到意外的惊喜。

## 销售心理360°全解

在销售过程当中，出其不意，给客户制造意外的惊喜，并不是一件难事，也并不需要多大的物质支持，可能是一个微笑，可能是一句话，也可能是一个小礼物，等等，这些都可能会打动客户的心，拉近与客户的心理距离。那么销售员在给客户惊喜的过程中要注意哪些问题呢？

（1）出其不意。

有很多销售员在和客户交易的时候，已经形成了一个比较稳定的交易模式，这样客户就不会在形式上再有什么期待了。久而久之，客户的热情也会有所减弱。这时，如果销售员在客户没有任何心理期待的情况下给客户准备些小礼物，或者一些精神上的关怀，客户便会觉得这是额外的收获而倍感珍惜，当然销售员和客户之间的距离也会因此而拉近。

（2）最好是精神上的惊喜。

在这个竞争日趋激烈的物质世界里，很多事物都在用钱衡量。如果你是一个优秀的销售员，在看到人们精神缺失的时候，就应该见缝插针，在精神上给以客户温暖和支持，从感情上赢得销售机会和优势。这样的销售员和客户之间的关系必然更加牢固长久。

（3）记住你的客户。

一个销售员在工作中会面对多个客户，同时一个客户在生活中也会遇到多个销售员。在这种情况下要记住一个客户，包括名字、喜好、性格、生日等是非常不容易的。当然，也不是不可能，如果你比别人做更多的功课，放更多的心思在这上面，那么在与客户交流的过程中你就必然会占到优势。所以，记住你的客户，也是给客户意外的惊喜。并且，也只有全面地了解了自己的客户，才能找对时机给其送上恰到好处的惊喜。

## 第一时间让客户体验到购买带来的快乐

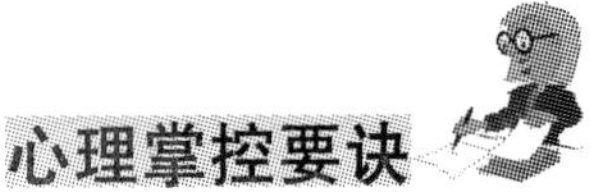

### 心理掌控要诀

很多人都有喜新厌旧的情绪，所以，人们若是得到新东西，一般都会感到很快乐。而销售员要想做好这次交易，让客户满意，做到让客户在第一时间体验到购买带来的快乐是很重要的。新事物往往能给人带来新的力量，如果客户从中体会到快乐，那么他对本次交易必然是持肯定态度的，这样的话，这个客户就有可能成为你的长期客户。

### 实战情景演练

小吴是一家按摩器材店的销售员，有一次接待了一对到店里来看按摩椅的老年夫妻。

夫妻二人看中了一把新型按摩椅，两人正轮流试坐。

小吴看两人对按摩椅很满意，就走过去对两位顾客说：“您好，请问二位是看上了这把按摩椅吗？这是我们店里新进的货，非常舒服，质量也好。”

那位太太说："嗯，小伙子，我们就是喜欢这款按摩椅，家里也有一把，就是有点旧了，儿子说叫我们来这里再挑一把新的。"

小吴笑着说："哦，原来是这样，你们的儿子还真是孝顺，这款确实不错，价格也不贵。我想应该是你们的儿子花钱为您二位买吧?"

太太笑眯眯地说："是啊，他说不用在乎钱，只要喜欢就行。只是他要上班，没时间陪我们来买。我们还不知道要怎么运回去呢?"

小吴说："这个您放心，我们店会有人为您送上门的，然后再帮您安装好，确保万无一失后再离开。"

那位先生说："是啊是啊，现在都是上门服务了。"

小吴笑着说道："当然，安装这个椅子还是需要点技术的，你们既然买我们的产品，我们当然要提供最完整的服务了。"

夫妻二人确定要这把椅子之后，爽快地买单了，随后，小吴就陪同二老一起回到家里，很认真地把按摩椅安装好了。安装好之后，小吴让二位老人坐上去感受感受，看是否和店里的一样舒服。

夫妻二人试过之后都非常开心。小吴还提议让二位再试试旧的，比较一下两把椅子的差别，还乘此机会把新旧两把椅子的区别向二位详细地介绍了一番。如此一来，二位更觉得买这把按摩椅值得了，还夸小吴的服务态度好。

小吴在临走前留下了自己的名片，对二位说："如果按摩椅出现什么问题，就给我打电话，我随时上门处理。"

## 典型案例解析

销售员小吴在客户购买按摩椅之后，服务非常周到，让客户在第一时间体验到购买带来的快乐，使客户更加坚定自己的选择是正确的。同时小吴的表现也让客户的满意度得到了提高。

### 销售心理 360°全解

当客户下定决心购买某个产品时，并不是整个销售过程就结束了。销售员要懂得完善售后服务，提高客户的满意度，让客户在购买产品的第一时间体验到购买带来的快乐和安慰。

那么，销售员要想达到这一效果，最重要的是要懂得为客户营造感觉，包括快乐的体验。当客户已经得到了某个产品时，销售员可以帮助客户营造一些比较欢乐的气氛，让客户感受到自己新购买的产品确实给人带来新的感觉。人们得到一样新东西本来就是一件很快乐的事情，再加上能够在得到新东西的第一时间得到新的欢乐的体验，客户自然会给产品加分。

## 让售后服务超出顾客预期

### 心理掌控要诀

在售后服务工作中，经常提供超出客户预期或超值的服务，是赢得客户满意的最好途径。始终保持这样的态度和服务理念，不仅能赢得这个客户，而且还会有新的客户被介绍过来。这也是客户资源“循环利用”的有效途径。

### 实战情景演练

有个修自行车的师傅甲，生意十分火爆，周围很多同行的生意都没法和他相比。不仅如此，这家修车店还有很多回头客，甚至还有很多人从很远的地方跑过来找他修车。难道他的技术很高超吗？有一个修车师傅乙路过这里，想去探个究竟。于是他把自己的自行车故意弄坏送去给甲修理。

乙走进店里对甲说：“师傅，我这车的轮胎破了，麻烦你帮我修修。”

甲笑眯眯地说：“好，您稍等，马上给您补胎。”

乙：“师傅，我看您这边生意挺好的，周边的店可冷清多了，这是为什么呢？”

甲笑着说：“我也不知道为什么，可能是我运气好吧。”

乙发现在他周边被修好的自行车都擦得很干净，还以为是别人付了洗车的钱，请师傅负责清洗呢。于是他问道：“师傅，您这还负责洗车呢？洗一次车多少钱啊？”

甲：“不是，洗车是免费的，这个是我自己要坚持的，客户并没有要求。待会您的车修好了，我也会帮您洗干净的。”

乙终于明白了，他笑着对甲说：“这不是您运气好，而是您手段高明。”

怪不得客户都喜欢到这边来修车，原来这位师傅为客户创造了附加值，给了客户超出期望值以外的服务。

## 典型案例解析

擦自行车这个很简单的事情，也能发现成功的销售之道。在所有人都提供等额服务的情况下，如果你比别人多一项，那么你就获得了更多的机会和收益。这个案例告诉我们，要想取得成功，就要付出客户预期之外的劳动，当然这也能达到自己预期之外的效果。

## 销售心理 360°全解

销售工作的真正开始是在产品售出之后。销售人员只有在成交之后，继续关心客户，把售后服务做得超出客户的期望，赢得客户的满意，才能让客户成为永久的“回头客”。那么为了达到这个目的，销售人员应该怎么去做呢?

（1）创造产品的附加值。

如果说产品凭借着品牌影响力、过硬的质量、低廉的价格等因素就可以畅销无阻的话，那么销售员就没有存在的价值和意义了。销售人员存在的意义在于为客户创造价值。因为销售产品人人都会，而为客户创造出产品价值本身之外的附加价值，却不是谁都能做到的，而这也最能检验销售员能力的高低。其实，这个附加价值，是在竞争激烈的卖方市场条件下销售人员必须做到的事情，如果做不到这一点，就不会在竞争中取得成功。所以，在销售中，除了做好本职工作，满足客户的基本要求后，销售员还要学会给客户创造更多附加值，这样才能留住客户，使一次客户变成终身客户。

（2）和客户保持联系，互相交换信息。

销售员需要积累自己的人脉关系，留住老客户是一种重要的方式。销售员和客户之间如果长期保持联系，那么双方在交流过程中有意无意就会产生信息和资讯的互换。大家信息面广了，很多交易做起来就会方便很多，这是一个双赢的好方法。

## 巧妙应对客户提出的非分要求

### 心理掌控要诀

有时候会碰到一些客户，他们不考虑其他因素，只是一味地争取自己的利益，向销售员提出一些让销售员无法做到的非分要求。在这样的情况下，销售员如果仍旧不想失去这个客户，那么就需要掌握一些处理

技巧，让客户了解他自己的要求的不合理之处，从而降低要求，解除危机。

## 实战情景演练

小曹是某电脑销售员，一天，他接到电脑城张经理打来的投诉电话。

张经理说："我在你们公司买了一批电脑，现在很多机子频频出现故障，请你们赶紧找人上门维修。"

小曹："张经理您好，请问您那批电脑是什么时候买的呢?"

张经理："大概有两年了吧。"

小曹笑着说："是这样的，张经理，您买的电脑已经超出免费保修期了，原则上我们是不再提供上门维修服务的。"

张经理："这是什么话，买的时候不是说得好好的吗？怎么现在就反悔？这不是骗人吗?"

小曹一听此人提出的要求并不合理，就说："我们之前确实有承诺，但那是在一年之内免费保修，可是你的电脑已经超出保修期一年了，我们已经没有这个责任了，如果不信您可以看看之前的合同说明。"

张经理："哪这么麻烦，你的意思是说不帮我们修电脑了，那好，我会到消费者协会去投诉你们。"

小曹："张经理，您先冷静一下，您提的要求也不是不能解决，但如果超出了保修期再上门维修是需要收费的，您看这个您可以接受吗?"

张经理："不行，之前说的是免费维修，我才不会掏这冤枉钱。"

小曹："对不起，张经理，这是不可能的，我们公司有规定，对于像您这样的客户，如果上门维修，一定要收取相关费用的，这是公司制度，没人可以违反，请您谅解。如果所有客户都像您这样要求我们对卖出去的产品采取终身保修制，那我们的利益是得不到保障的。您也是商人，对这一点肯定比我还懂。不过您放心，我们收取的费用绝对公道，也非常专业。"

张经理："嗯，那好吧，那你赶紧叫人来修，这破电脑已经严重影响我们的工作了。”

小曹：“好的，请您告诉我具体地址，马上就有人上门为您服务了。”

## 典型案例解析

面对客户提出的非分要求，销售员小曹先是对客户说清不能免费维修的原因，然后是想办法为客户解决困难，让客户的愤怒得到缓解。之后小曹又拿出公司的相关制度，告诉客户这确实是不可能实现的。同时又寻找与客户之间的相同点，寻求客户的理解和同情。小曹就这样化解了客户提出的非分要求。

## 销售心理360°全解

在交易过程中，销售员和客户其实就是在进行一场博弈，成功者将获得更多的利益。作为一个销售员，要想在这场博弈中取得成功，就必须对客户见招拆招。对于客户提出的非分要求要作出及时巧妙地回应，以此来取得交易中的主动权。

（1）学会利用上级。

作为销售员最重要的一点是，面对任何事情，都不要轻易答应对方的要求。在交易中，客户的需求多数是无解的，这时就要求助上级。即使我们知道请示会得到上级批准，也要养成跟客户说请示的习惯，这就给客户传递一个信息，可以防止客户养成随便提要求的习惯。

（2）让制度说话。

销售员要懂得软硬兼施，在“动之以情”行不通之后，就要“晓之以理”。制度是公司的规定，一旦制定好就必须严格执行。销售员只要说明公司的相关制度，适当地表现出不容商量的余地，相信客户就能知道大概的意思了，这样就不会造成难以控制的局面。